LERNEN METHODISCH UND GEZIELT

Erfolgreiche Tipps für Schüler und Eltern

Hilfe für Eltern, Lehrer, Pädagogen

herausgegeben von Petra Buchwald

Werner Kuhmann
Mariangela Topic

LERNEN METHODISCH UND GEZIELT

Erfolgreiche Tipps für Schüler und Eltern

Ferdinand Schöningh

Bibliografische Information der Deutschen Nationalbibliothek

Die Deutsche Nationalbibliothek verzeichnet diese Publikation in der Deutschen Nationalbibliografie; detaillierte bibliografische Daten sind im Internet über http://dnb.d-nb.de abrufbar.

(Verlag Ferdinand Schöningh GmbH & Co. KG, Jühenplatz 1, D-33098 Paderborn)

Internet: www.schoeningh.de

Fotos: Fotostudio Henke, Salzkotten
Umschlagbild: ©fotofinder.com/ALIMDI.NET / ulrich niehoff
Gestaltung, Konzeption, Illustration: Lea Reck, Essen, Frauke Dräger, München
Einbandgestaltung: Anna Braungart, Tübingen
Printed in Germany
Herstellung: Ferdinand Schöningh GmbH & Co. KG, Paderborn

ISBN 978-3-506-77182-7

Inhalt

Einleitung

Worum geht es in diesem Heft?

In diesem Heft geht es um ‚Lernen' und die Frage, wie dieses Lernen unterstützt werden kann, damit es erfolgreich ist. In fast allen Lebensbereichen wird ‚Lernen' gefordert. Lernen betrifft also nicht nur – wie manchmal vorschnell angenommen wird – das Lernen von Kindern und Jugendlichen in Kindergarten, Schule und Berufsausbildung, sondern Lernen betrifft jeden Menschen über seine gesamte Lebensspanne hinweg.

Häufig lässt sich allerdings feststellen, dass das Erlernen bestimmter Inhalte nicht so erfolgreich verläuft, wie es sich der Lernende wünscht. Man bemüht sich um den Erwerb vorgegebener Wissensinhalte oder möchte etwas können, aber das Ergebnis entspricht nicht den Erwartungen, seien es die eigenen oder die anderer Personen. Mit diesem Heft möchten wir Ihnen helfen, bessere Ergebnisse beim Lernen zu erzielen. Dabei möchten wir Ihnen verschiedene Methoden zeigen, mit denen das Herangehen an eine Lernaufgabe optimiert werden kann.

Wie können Sie das Heft hilfreich nutzen?

Es sollen nicht einfach verschiedene Herangehensweisen an das Lernen vorgestellt und aneinandergereiht werden. Unser Anspruch besteht vielmehr darin, dass Sie, liebe Leserin oder lieber Leser, verstehen, warum und mit welchem Ziel einzelne Verfahren eingesetzt werden. Da wir Ihnen Lerntechniken und Methoden vorstellen, die zu unseren Gedächtnisstrukturen optimal passen, kommt vor der Vorstellung der Methoden eine Analyse des Lernens und der Gedächtnisstrukturen. Oft gibt es Situationen, in denen der Lerner beim Lernen von einem Helfer unterstützt wird. Damit das Lernen auch in diesen Hilfesituationen gelingt, wird im 2. Kapitel die Frage behandelt, warum es beim Helfen manchmal Streit gibt und wie dieser behoben oder entschärft werden kann.

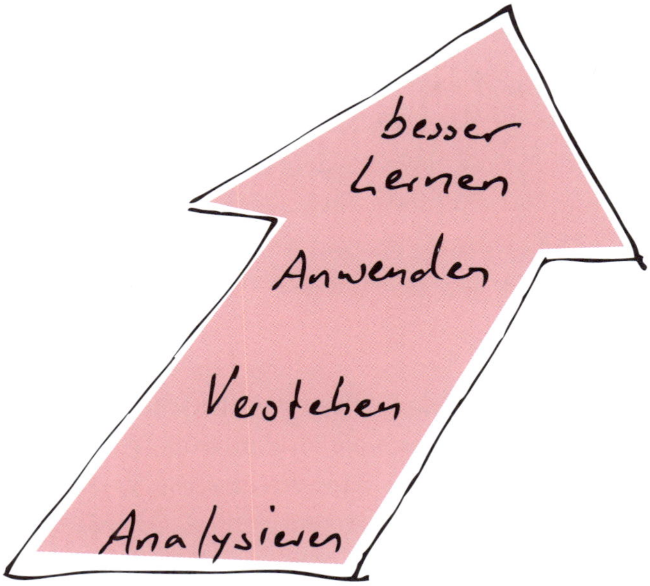

Warum sollten Sie dieses Heft lesen?

Dieses Heft will Sie beim Herangehen an Lernaufgaben unterstützen. Wie man Lernaufgaben meistert, wird häufig auch als ‚Lernen lernen' bezeichnet. Nur wenige Menschen machen sich intensiv Gedanken darüber, ‚wie' sie eigentlich lernen. Für die meisten von uns ist Lernen mit einer der Standardvorstellungen aus der Schule verbunden: Man lernt meist durch den Lehrervortrag oder aus einem Buch. Dazu schreibt man Teile mit, um sie später immer wieder durchzulesen, und zwar so lange, bis das Abgeschriebene im Kopf möglichst so verankert ist, wie es vorher in dem jeweiligen Heft gestanden hat oder im Vortrag gesagt wurde. Dieses Vorgehen lässt sich mehr oder weniger als ‚auswendig lernen' bezeichnen.

‚Auswendig lernen' hat durchaus Vorteile: Fast jeder weiß, wie es geht, hat darin zumindest ein wenig Erfahrung und Übung. Bestimmte Dinge muss man tatsächlich zunächst einmal auswendig lernen, z. B. Bezeichnungen, die Wörter einer Sprache oder auch Formeln. ‚Auswendig lernen' hat aber auch viele

Nachteile. Der gravierendste ist, dass ‚Auswendigkönnen' und ‚Verstehen' nicht identisch sind. In vielen Fällen ist beim Lernen aber Verständnis gefordert und nicht einfach nur die bloße Wiedergabe. Stellen Sie sich vor, Sie könnten die Aufbauanleitung für ein Möbelstück auswendig wiedergeben, wüssten aber nicht, was die einzelnen Anweisungen bedeuten und wie sie umzusetzen sind. Dann könnten Sie zwar den Anleitungstext aufsagen, das Möbelstück aber nicht zusammenbauen.

Wenn es also darum geht, ein weitreichenderes Verständnis für Wissensgebiete und Sachinhalte zu entwickeln, stößt Auswendiglernen sehr schnell an seine Grenzen, und andere Arten des **Erwerbs, Verarbeitens, Organisierens** und der **Wiedergabe** von Wissen sind gefragt. Solche alternativen Möglichkeiten sind Gegenstand dieses Hefts. Mit unseren Erklärungen und Übungen möchten wir Ihnen vor allem helfen, Inhalte tiefergehend zu verstehen.

Da Wissen sowohl in als auch außerhalb der Schule meist in Büchern oder Texten enthalten ist, richten wir die Methoden auf drei Hauptziele aus:

1. Die Entnahme von Wissen aus Texten (‚Lesen')
2. Die Organisation und Verarbeitung des Wissens (‚vertiefendes Bearbeiten')
3. Die Wiedergabe von Wissen (‚Schreiben' oder ‚Vortragen')

An wen richtet sich das Heft?

Wir richten uns mit diesem Heft sowohl an Lernende, z. B. Schüler oder Studenten, als auch an solche Personen, die diesen Lernenden möglicherweise beim Lernen helfen, nämlich Eltern, Betreuer, Erzieher oder Pädagogen. Das Heft bietet zahlreiche Möglichkeiten, seine alten Lerngewohnheiten abzuwerfen, und hilft praxisnah beim ‚Lernen lernen'.

Im Falle einer gemeinsamen Arbeit von Helfer und Lerner sind die Übungen immer so strukturiert, dass *beide*, Helfende *und* Lernende, diese Übungen durchführen und die Ergebnisse untereinander vergleichen und sachlich bewerten.

Bitte beachten Sie:

Eine Veränderung des eigenen Lernverhaltens ist immer mit Arbeit verbunden. Deshalb wird die Anwendung bestimmter Lernmethoden nicht immer ganz einfach sein. Etwas Neues muss sich nämlich immer gegen bisher Gewohntes, also die bisherigen Lerngewohnheiten, durchsetzen. Und wenn man Neues ausprobiert, ist es oft so, dass sich der gewünschte Erfolg erst mühsam einstellt. Aber seien Sie zuversichtlich, mit etwas Fleiß und systematischem Arbeiten werden Sie die von uns vorgestellten Lernmethoden bald beherrschen.

Lernen – Analyse und Gedächtnisstrukturen

Lernen

Wie lernen Sie eigentlich?

„Wie lernen Sie eigentlich?“ Diese Frage verwirrt die meisten Menschen zunächst einmal. Eine typische erste Antwort lautet: „Ich setze mich hin und lerne.“ Und es werden Dinge genannt, die sich auf das beziehen, was jemand tut, manchmal auch, wie er die Lernsituation ordnet. Dazu gehört z. B. „Ich lese einen Text und mache mir Notizen“, oder „Ich unterstreiche das Wichtigste“, aber auch „Ja, das lern ich dann einfach“. Um zu Beginn dieses Heftes herauszufinden, wie Sie eigentlich lernen, bearbeiten Sie bitte folgende Übung.

Übung **Was ist ‚Lernen' für mich?**

Versuchen Sie bitte für sich selbst zu klären, was Sie unter Lernen verstehen und wie Sie lernen. Legen Sie diese Fragen auch Ihrem Kind oder Schüler vor! Nehmen Sie sich ein wenig Zeit, denn die Antwort auf diese Frage ist sehr schwer.

Vielleicht helfen folgende Fragen auf dem Weg zu einer Antwort:

- Was lerne ich?
- Wann lerne ich?
- Wo lerne ich?
- Was tue ich, wenn ich absichtlich lerne?
- Habe ich auch schon ohne Absicht gelernt?
- Hatte ich schon einmal ein plötzliches ‚Aha-Erlebnis'?
- Ist das, was ich zum Lernen tue, identisch mit Lernen?

Wie Sie in der Übung sicherlich selbst gemerkt haben, fällt es offensichtlich sehr schwer, genau zu beschreiben, was Lernen ist, obwohl wir es doch ein Leben lang tun. Eigentlich sollte es doch ganz leicht sein, etwas so Selbstverständliches wie das Lernen einigermaßen gut zu beschreiben.

Was ist Lernen?

Lernen ist ein Prozess

Aus Sicht der Psychologie ist Lernen ein Prozess, der auf der Basis von Erfahrung zu einer relativ überdauernden Veränderung der Verhaltensmöglichkeiten führt. Diesen Prozess müssen wir von dem unterscheiden, was jemand tut, damit der Lernprozess stattfindet. Das, was jemand tut, ist die *Lerntätigkeit*. Ein Beispiel dafür ist das Lesen eines Buchs oder das Beschaffen von Material. Dies ist mit anderen Tätigkeiten, wie z. B. der Zubereitung einer Mahlzeit, vergleichbar. Bei der *Lerntätigkeit* können *Techniken*, *Methoden* und *Strategien* unterschieden werden.

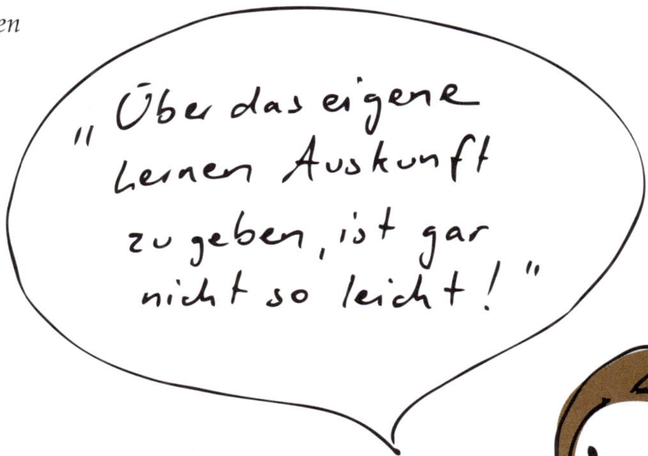

Für erfolgreiches Lernen brauchen Sie Techniken, Methoden, Strategien und Motivation.

Technik

Lerntechnik: konkrete, inhaltlich eng umschriebene Tätigkeit. Beim Lernen das, was konkret getan wird (z. B.: Lesen, Markieren, Herausschreiben usw.).

Frau Meier *möchte für ihre Familie kochen. Dafür führt sie folgende Tätigkeiten aus: Sie bereitet die Zutaten zu, kocht, brät und richtet sie an. Dies sind ihre Techniken. Eine Technik muss grundlegend beherrscht werden, damit Organisation und Planung erfolgreich sind.*

Methode

Lernmethode: organisierte Abfolge von Techniken im Sinne eines Musters, das über verschiedene Gelegenheiten oder auch innerhalb einer Lernsituation wiederkehrt (z. B.: Abfolge von Lesen, Markieren, Herausschreiben, Wiederholen usw.).

Frau Meier *und Frau Huber haben für die Zubereitung des Essens unterschiedliche Methoden. Während Frau Huber einen Braten zuerst scharf anbrät und bei hoher Temperatur im Ofen hat, lässt Frau Meier den Braten bei niedriger Temperatur über lange Zeit im Ofen.*

Strategie

Lernstrategie: Muster der zeitlichen und inhaltlichen Planung und Organisation von Methoden und auch Techniken (z. B.: Planung des zeitlichen und inhaltlichen Vorgehens zur Erstellung eines Referats einschließlich der Frage, wie, mit wem und wann die Präsentation/der Vortrag eingeübt wird).

Frau Meier überlegt, was sie für ihre Familie in der nächsten Woche kochen soll. Fest steht, dass es an jedem Tag eine Mahlzeit geben soll. Was sie wann kocht, ist noch offen, das wird sie erst kurzfristig entscheiden. Sie muss berücksichtigen, wie viel Zeit und Geld sie zum Einkauf zur Verfügung hat, ob ihr Sohn mitisst, der Fleischgerichte lieber als vegetarische Speisen mag, ob an einem Tag auch ein „Lieblingsgericht" auf dem Tisch stehen soll, ob es verwertbare Reste geben wird und Vorräte vorhanden sind, und vieles andere mehr. Hätte Herr Meier diese Planung vorgenommen, wäre er anders vorgegangen als seine Frau, eben nach seiner individuellen Strategie.

Motivation: Klar ist auch, dass unabhängig von der *Planung* und Beherrschung der notwendigen *Techniken* immer auch wesentlich ist, mit welcher Bereitschaft man das Vorhaben angeht. Diese Bereitschaft ist die *Motivation.*

Motivation

Das beste Vorhaben kann scheitern, wenn man einfach keine Lust hat. Hat sich Frau Meier gerade mit ihrer Familie gestritten, wird sie weniger Zeit, Energie und Sorgfalt beim Kochen verwenden. Ihre Motivation, zu kochen, ist dann geringer!

Lernen ist die Voraussetzung dafür, sich anders verhalten zu können!

Verhaltensmöglichkeiten durch Lernen

Lernen verändert die *Verhaltensmöglichkeiten*, muss aber nicht direkt sichtbar werden. Es ist aber die Voraussetzung dafür, sein Verhalten ändern zu können. Wer z. B. ein neues Wort gelernt hat, muss es nicht benutzen, er könnte es aber. Und wer gelernt hat, wie man Knöpfe annäht, kann trotzdem seine Knöpfe von anderen annähen lassen.

Nehmen Sie sich ruhig Zeit zum Lernen. Nur so können neue Inhalte längerfristig verfügbar bleiben!

Zeit nehmen!

Lernen findet nicht innerhalb eines kurzen Zeitraums statt und ist dann abgeschlossen, sondern Lerninhalte brauchen Zeit, um sich zu festigen, bevor sie dann tatsächlich längerfristig verfügbar bleiben.

Lernen kann auch gestört werden. Oft können nach einem Unfall, bei dem der Kopf einen Schlag erhalten hat (Gehirnerschütterung), die Vorgänge kurz vor dem Ereignis nicht mehr erinnert werden. Der Schlag auf den Kopf verhindert die Speicherung des Erlebten und bewirkt einen Gedächtnisausfall.

Die Festigung von Lerninhalten kann durch das, was nach dem Einprägen geschieht, positiv oder negativ beeinflusst werden.

Störungen

Es gibt *Störungen* durch neue, aber sehr ähnliche Lerninhalte, wie etwa die Beschäftigung mit einem zweiten Gedicht, nachdem man gerade das erste ‚gelernt' hatte. Je ähnlicher sich die beiden Gedichte sind, desto stärker wird das nachfolgende Gedicht das Behalten des ersten Gedichts beeinträchtigen. Beim Versuch der Wiedergabe stellt man oft fest, dass sich Teile der beiden Gedichte ‚mischen'. Man sollte also bei der Vorbereitung auf Prüfungen das ‚gemischte Lernen' von sehr ähnlichen Inhalten, wie z. B. Englisch und Französisch, vermeiden.

Neue Lerninhalte lassen sich besser behalten, wenn wir uns weiter mit ihnen beschäftigen – am besten auf eine andere Art und Weise als bisher.

positive Einflüsse

Zu den *positiv* wirkenden Einflüssen zählt alles, was dazu beiträgt, den Lerninhalt aufrechtzuerhalten und in das bestehende Wissen einzuordnen. Das ist vor allem die weitere Beschäftigung mit der Thematik auf eine etwas andere Art und Weise, als es bis dahin der Fall war. Bei Kindern kann das z. B. das Nachspielen einer Situation sein, die mit dem Lerninhalt zu tun hat.

Lernen im Schlaf

Das Neueste aus der Forschung: Außerdem hat die neuere neurowissenschaftliche Forschung gezeigt, dass Schlafen nach einem Lerndurchgang zu einer Festigung der Inhalte führt, weil im Schlaf Erlebnisinhalte wieder aufgegriffen werden können. Dieses Aufgreifen kennen wir als Träumen. Schlafen unmittelbar nach dem Lernen erhöht die Chance, dass der Lerninhalt im Schlaf weiter bearbeitet und dadurch gefestigt wird, auch wenn wir davon normalerweise nichts bemerken.

Wie kann das Lernen optimiert werden?

Jedes Wissen wird im Gehirn vernetzt gespeichert! Nachhaltiges Lernen sollte sich danach ausrichten.

Wissensstrukturen

Zum Lernen wird ein ‚Wissensspeicher' benötigt, das menschliche Gedächtnis. Dieses bewahrt seine Inhalte nicht einfach beliebig auf, sondern es bildet *Wissensstrukturen,* die sich mit einem Lager- oder auch Ablagesystem vergleichen lassen. Einleuchtend ist, dass wir Inhalte umso besser wiederfinden, also erinnern, je besser das Ablagesystem geordnet und verwaltet wird. Lernen muss sich deshalb nach solchen Strukturen der ‚Lagerhaltung im Gedächtnis' richten, wenn es nachhaltig sein soll.

Befassen wir uns also kurz mit den wichtigen Merkmalen der Gedächtnisspeicherung. Wir möchten Ihnen nämlich solche Lerntechniken und Methoden vorstellen, die gut zu unseren Gedächtnisstrukturen passen. Die folgende Abbildung soll das verdeutlichen.

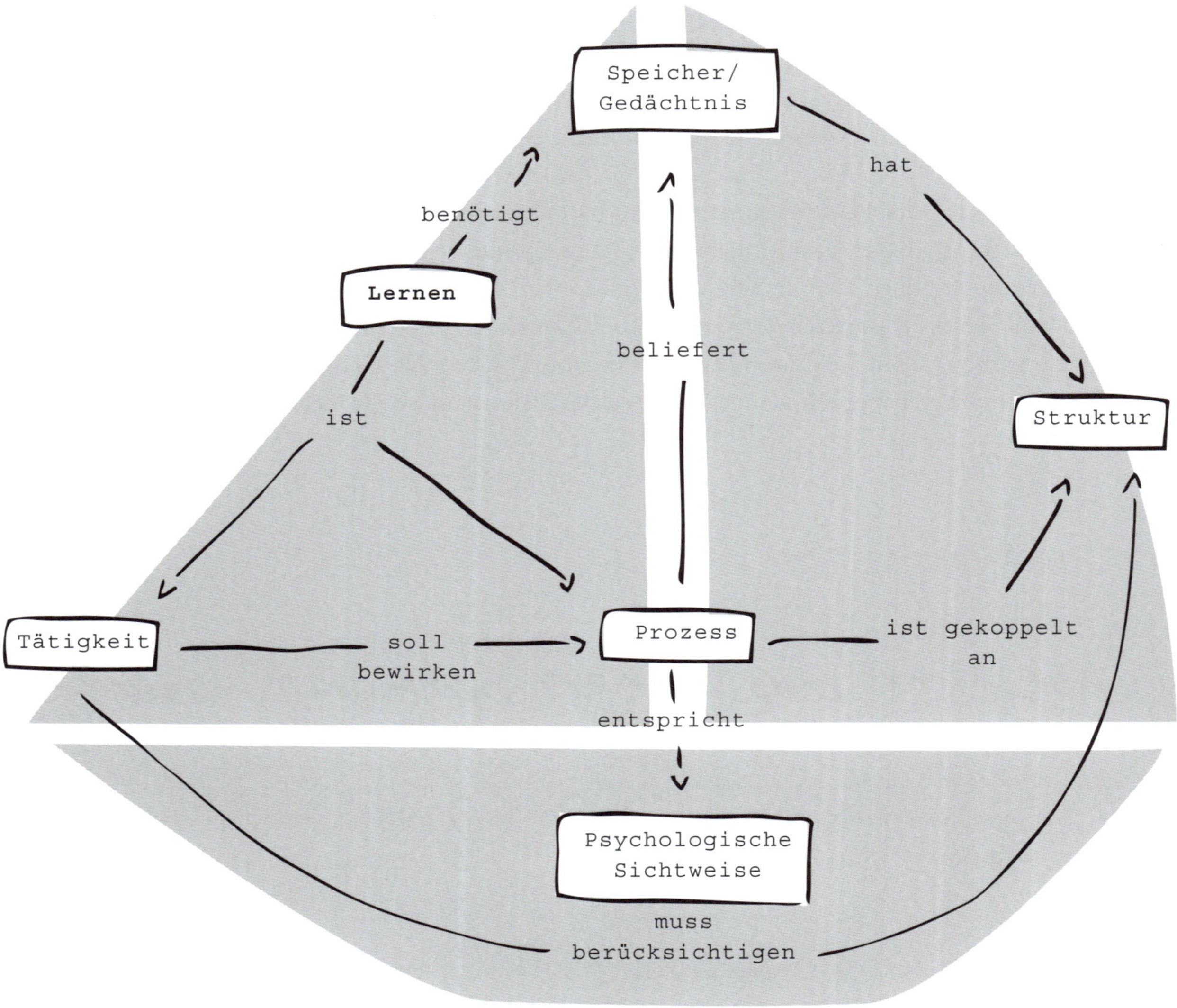

* *Zusammenhang zwischen Lernhandlung und Lernen als Prozess*

Berücksichtigung der Gedächtnisstrukturen

Lernen erfolgt nur dann optimal, wenn die Besonderheiten unserer Gedächtnisstrukturen berücksichtigt werden, an die der Prozess des Lernens gekoppelt ist. Wie unser Gedächtnis Wissen speichert, soll an einem Beispiel verdeutlicht werden. Das Beispiel ist für Sie gleichzeitig als **Übungsaufgabe** gedacht. Bitte nehmen Sie sich Zeit für die folgenden Schritte:

1. Lesen Sie das folgende Gedicht bitte einmal in Ihrem normalen Lesetempo und decken Sie es anschließend ab.
2. Versuchen Sie danach, den Sinn des Gedichts wiederzugeben, aber nicht wortwörtlich. Notieren Sie den Inhalt auf einem Blatt Papier.
3. Versuchen Sie diesmal das Gedicht wortwörtlich wiederzugeben.
4. Schätzen Sie nun ein, welcher der Wiedergabeversuche besser gelungen ist: die inhaltliche Beschreibung oder die möglichst wörtliche Wiedergabe.
5. Vergleichen Sie die Einschätzungen aus Punkt 4 mit Ihren Wiedergabeversuchen aus den Punkten 2 und 3.

Wenn Sie bereit sind, lesen Sie jetzt das folgende Gedicht in Ihrem normalen Lesetempo:

Erich Fried: „Freie Wahl mit guten Vorsätzen"

am Beispiel üste

Die üste hat die freie Wahl:
Wenn sie ein W wählt bleibt sie kahl
Wenn sie ein K wählt wird sie naß
Die freie Wahl macht keinen Spaß

Bitte decken Sie das Gedicht jetzt ab und notieren auf einem Blatt, worum es in diesem Gedicht geht. Sie müssen das Gedicht nicht wortwörtlich wiedergeben.

Fertig mit der zweiten Teilaufgabe? Dann versuchen Sie bitte jetzt, das Gedicht möglichst wortgetreu aufzuschreiben.

Nun der Vergleich: Was ist Ihnen besser gelungen, die inhaltliche Wiedergabe oder die wörtliche Wiedergabe?

Abspeicherung von Wissen

Wenn Ihre inhaltliche Wiedergabe des Gedichts besser war als die wortwörtliche, so entspricht das den Erwartungen. Der umgekehrte Fall ist äußerst unwahrscheinlich. Das liegt an der Art und Weise, wie unser Gedächtnis Wissen abspeichert. Diese Abspeicherung von Wissen umfasst die im Folgenden dargestellten drei Merkmale:

Merkmal 1: „Zerlegung in kleinste Sinneinheiten"

Propositionen und Beziehungen untereinander

Der gelesene Inhalt wird zunächst in kleinste Sinneinheiten zerlegt. Sie bezeichnen einen Zusammenhang zwischen den im Text vorkommenden Begriffen in der Art „x – hat/ist –y", der sprachlich gesehen äußerst primitiv ist. Die folgende Abbildung zeigt die Zerlegung des Gedichts in solche Sinneinheiten (fachsprachlich ‚Propositionen'), wie z.B. „üste – hat – Wahl".

Zerlegung des Gedichtes „Freie Wahl mit guten Vorsätzen" von Erich Fried in grundlegende Sinneinheiten

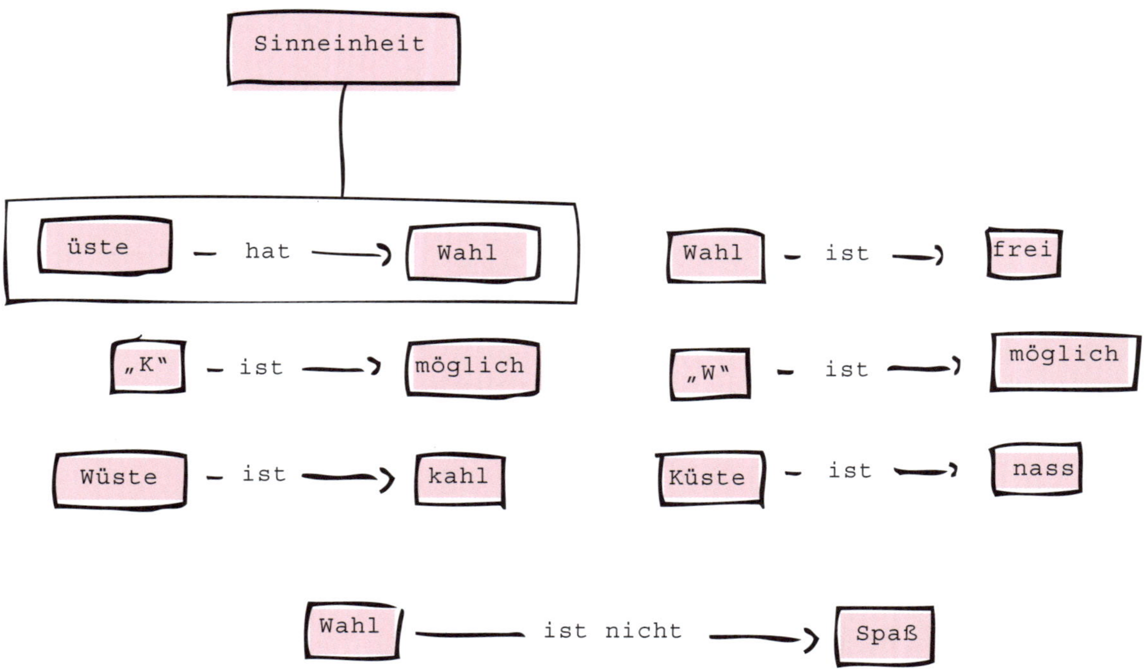

Bei einer solchen Zerlegung des Texts gehen zunächst unsere eleganten sprachlichen Konstruktionen verloren sowie unwichtige Wörter, zeitliche Verhältnisse (Anfang, Mitte, Schluss) und Reihenfolgen. Diese Zusatzmerkmale werden vom Gehirn in ähnlichen ‚Primitivkonstruktionen' wie die Sinneinheiten separat erfasst.

Sinneinheiten sind zunächst ungeordnet. Je ungeordneter sie abgespeichert werden, desto schwerer fällt es uns, das Gedicht wörtlich aufzusagen, obwohl wir über den Inhalt Auskunft geben können.

bestehende Wissensbestandteile

Die ‚Primitivzusammenhänge' fügen sich in unsere schon bestehenden Wissensbestandteile ein. Man weiß z. B. schon, dass die Wüste ‚kahl' ist, oder dass einen der Wortbruchteil ‚üste' an das Wort ‚Wüste' erinnert, auch wenn das Wort gar nicht im Gedicht enthalten ist. Naheliegend ist z. B.: ‚W' + ‚üste' = Wüste; ‚K' + ‚üste' = Küste. Nun verbindet unser Gehirn das im Gedicht Gelesene mit dem bei uns bereits vorhandenen Wissen: Die Wüste ist sandig / trocken / leer / heiß / kahl; die Küste = nass / windig, aber auch sonnig / erholsam / gute Luft.

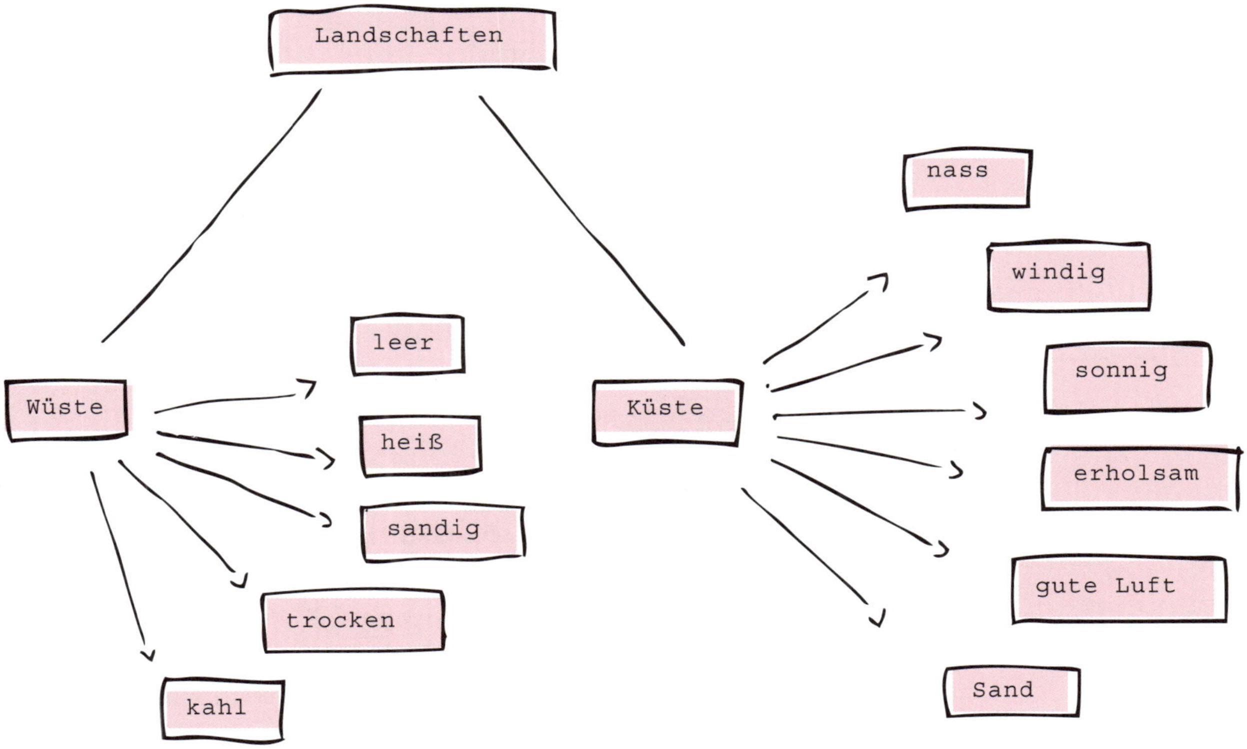

Die Abbildung zeigt die Bedeutungszuordnung von ‚Wüste' und ‚Küste' als Landschaften mit bestimmten Eigenschaften, die über die im Gedicht zugeordneten Eigenschaften (‚kahl' für Wüste und ‚nass' für Küste) hinausgehen, aber bereits in unserem Gedächtnis für diese Landschaften abgespeichert sind. Aufgrund dieser Zuordnung kann es deshalb auch zu Fehlzuordnungen im Sinne des Gedichts kommen.

Die üste hat die freie Wahl,
wählt sie ein K dann wird sie nass,
wählt sie ein W dann hat sie Sand
die freie Wahl … (Abbruch)

Die Folge davon ist, dass beim Versuch des wörtlichen Aufsagens ‚falsch' rekonstruiert werden kann, wie im Beispiel. Darin sind die zweite und die dritte Zeile vertauscht und im Wortlaut falsch, zur Wüste wurde statt ‚kahl' ‚hat Sand' hinzugefügt. Die letzte Zeile wird abgebrochen, weil der Reim nicht mehr stimmt.

Ober- und Unterkategorien

Merkmal 2: „Kategorienbildung"

Gleichzeitig mit der Zerlegung (Merkmal 1) werden die im Gedicht enthaltenen Begriffe in ihrer Bedeutung erfasst und geordnet. Diese Ordnung betrifft nicht die Reihenfolge der Wörter und Sätze des Gedichts, sondern eine Ordnung in Ober- und Unterkategorien. Kategorien fassen die zu ihnen gehörenden Einzelobjekte zu einer Klasse zusammen. Hier sind es ‚Küste' und ‚Wüste', die als Landschaften kategorisiert werden mit jeweils unterschiedlichen Eigenschaften (nass bzw. kahl), ‚Wahl' gehört zur Oberkategorie ‚Entscheidungsmöglichkeit'. Dieser Verarbeitungsschritt ist sehr wichtig, weil durch ihn das Verständnis für den Inhalt erarbeitet wird. So verstehen wir das Gedicht erst!

Verbindungsstruktur

Merkmal 3: „Verbindung aller Bestandteile"

Das dritte Merkmal der Verarbeitung stellt die Verbindung zwischen allen Bestandteilen her. Je nach Umfang und Komplexität des Textes fällt es leichter oder schwerer, die Verbindungsstruktur zu erarbeiten. Im angesprochenen Gedicht ist diese Struktur relativ einfach, so dass die Gesamtstruktur nach wenigen Wiederholungen klar ist. Dann gelingt meist auch das Aufsagen.

Die verschiedenen Inhaltsanteile des Gedichts müssen aber im Gedächtnissystem noch zu einer geordneten Struktur weiterverarbeitet werden **wie die folgende Abbildung zeigt**. Auch diese Struktur ist aber noch nicht identisch mit dem Wortlaut und der Reihenfolge im Gedicht. Sie erleichtert jedoch die Rekonstruktion des Gedichts erheblich.

geordnete Struktur

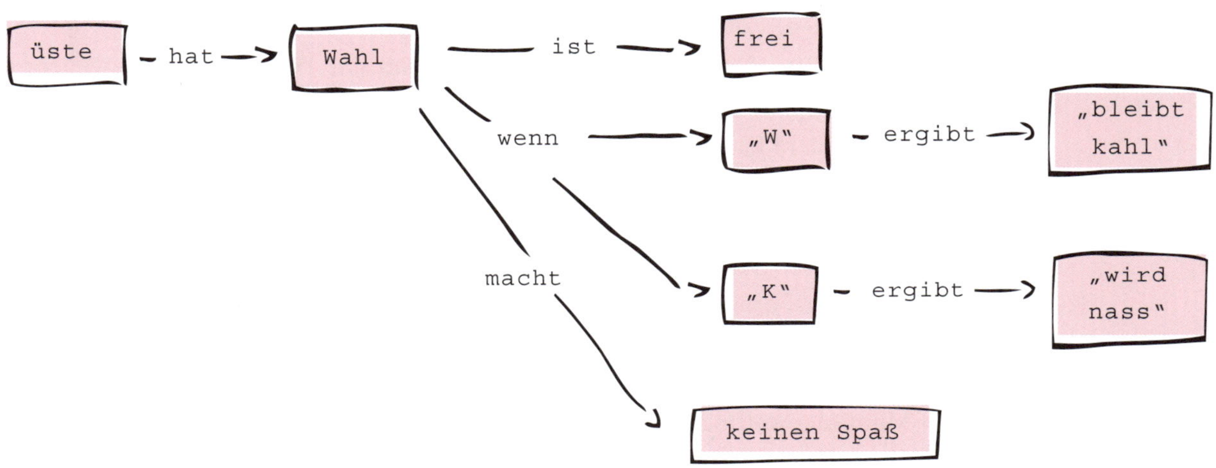

Was sagt uns das nun über die Leistung bei der inhaltlichen Wiedergabe des Gedichts im Vergleich zur wörtlichen?

1. Nach der Zerlegung ist es für uns sehr viel schwieriger, den exakten Wortlaut wiederzugeben, weil unser Gehirn bei der Verarbeitung des Lernstoffes einen Teil der geschriebenen oder gesprochenen Sprache entfernt hat.
2. Die Reihenfolge von Wissensinhalten wird losgelöst vom Inhalt abgespeichert, also ist sie bei der Wiedergabe oft falsch.
3. Beim Versuch der wörtlichen Wiedergabe werden falsche Zusätze eingebaut, die sich aus bereits bekanntem Wissen einschleichen.
4. Die inhaltliche Wiedergabe gelingt besser als die wortwörtliche Wiedergabe, weil die weitere Verarbeitung (Merkmale 2 und 3), in der die Bedeutung und die Zusammenhangsstrukturen zwischen den Begriffen erarbeitet werden, uns dabei hilft.
   Die Basis für das Aufsagen, die exakte Reihenfolge, muss aber noch zusätzlich festgehalten werden.

Eine optimale Lernmethode basiert auf den Erkenntnissen der menschlichen Fähigkeiten des Erfassens und Organisierens von Wissen. Sie sollte die innere Struktur unseres Gehirns berücksichtigen und durch eine äußere Struktur sichtbar machen, z. B. durch Visualisierungen in Mind-Maps.

effektives Lernen

Eigentlich lernen Menschen sehr effektiv, denn unser Gehirn speichert eben nicht ganze Sätze ab, sondern viel weniger Material, nämlich grundlegende Sinneinheiten, Kategorien und Bedeutungen. Diese sind die Basis des Verstehens. Wenn diese Basis vorhanden ist, kann man das Wissen aus der gespeicherten Primitivstruktur sprachlich leicht konstruieren. Wenn einem aber der sachliche Inhalt nicht klar ist, kann man ihn auch nicht adäquat ausdrücken.

Bilder und Formen helfen beim Erinnern

Unser Gehirn kann hervorragend Bilder, also ‚bildliche Daten', organisieren und speichern. Deshalb sind Verfahrensweisen der ‚*bildhaften* Primitivorganisation' von Wissen als besonders effektiv zum Erwerb neuen Wissens anzusehen. Dies berücksichtigt man mit Visualisierungsmethoden, insbesondere der ‚Mind-Mapping-Methode', die Wissen oder Sachverhalte in Kategorien ordnet. Mind-Maps erleichtern es uns, Wissen bildhaft darzustellen und zu erarbeiten.

Mit einer bildhaften Verankerung können Sie manche Klippe beim Erinnern umschiffen. Je sinnfälliger die Form eines Bildes ist, desto besser lässt sich von der Form auf den Inhalt schließen und der Inhalt erinnern.

Lernmethoden bewusst einsetzten

Möglicherweise ist das Thema ‚Lernen lernen' neu für Sie. Wir haben bislang erklärt, warum es so erfolgsversprechend ist, Lernmethoden geplant und bewusst einzusetzen. Nun zeigen wir Ihnen, wie Sie Schritt für Schritt vorgehen, um sie einzusetzen. Die nächsten Abbildungen veranschaulichen die Schritte, die Sie dabei gehen müssen. In der Darstellung rechts sehen Sie ein ‚Lernpferd'. Das soll Sie an die Lernschritte erinnern und daran, dass man keinen der Schritte auslassen darf, weil das Pferd sonst hinkt. Aufgrund welcher der beiden Darstellungen können Sie den Inhalt besser erinnern?

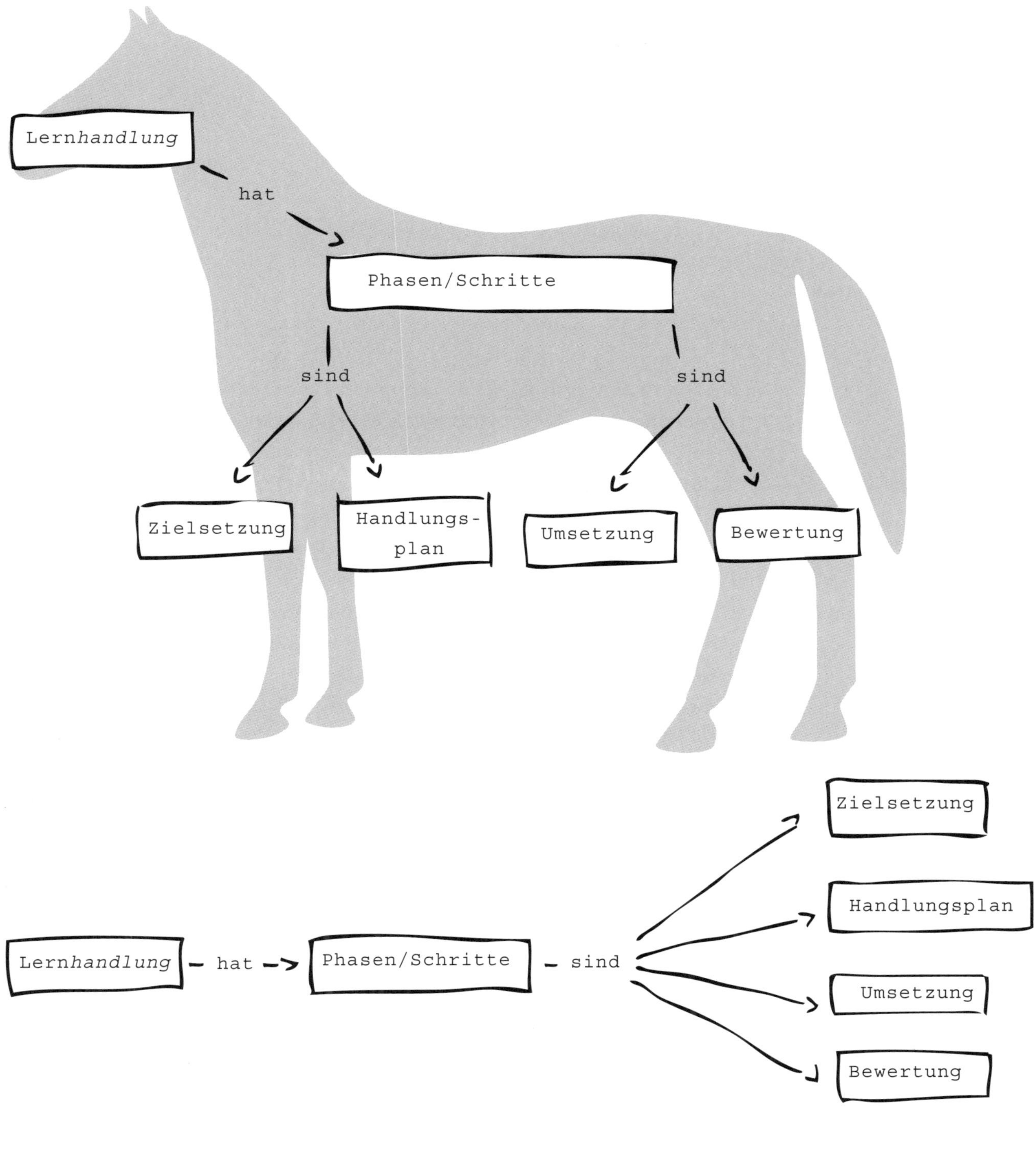

* *Die Schritte der Lernhandlung als Pferd (oben) und als abstrakte Strukturdarstellung (unten)*

Besser, Lernen lernen'

Sie können jemandem beim Lernen helfen, indem Sie bei der Planung, Organisation und Ausführung von Lernhandlungen helfen. Lernen im eigentlichen Sinn kann allerdings jeder nur selbst!

Anhand der Lernschritte des Lernpferdes sollten Sie in Ihrer eigenen Lernsituation oder als Helfer Folgendes beachten:

Zielsetzung

1. **Unterstützung bei der Zielsetzung:** Was soll erreicht werden? Die Lernhandlung und die Unterstützung des Lernens beginnen mit der Zielfindung. Welches Lernziel soll erreicht werden?

Planung

2. **Unterstützung bei der Planung zur konkreten Durchführung (Strategie):** Wann soll was wie und wo getan werden? Welche Lernhandlungen führen zum angestrebten Ziel? Beachten Sie auch die zeitliche und räumliche Organisation.

Umsetzung

3. **Unterstützung bei der Umsetzung:** Welche unterstützenden Maßnahmen unternehmen Sie, damit die Planung zur Ausführung gelangt und die Tätigkeit nicht vor Erreichen des Ziels abgebrochen wird? Was haben Sie davon, wenn Sie das alles tun? Diese Klärung ist für die Umsetzung umso wichtiger, wenn die Interessen von Helfer und Lerner nicht gleich sind! Was sind beide bereit für das Ziel zu opfern? Denken Sie immer daran: „Eine Hand wäscht die andere" gilt auch hier beim Lernen!

Bewertung

4. **Unterstützung bei der Bewertung:** Wie wird das erreichte Ergebnis bewertet? Hat sich die Arbeit gelohnt? Nur dann ist man motiviert, die Tätigkeit zu wiederholen! Die Unterstützung muss deshalb darin bestehen, positive Aspekte der geleisteten Arbeit zu finden und zu betonen.

Anleitung zum gemeinsamen Lernen

gemeinsam

Lernmethoden helfen dem Lernenden, Wissen und Lernstoff zu strukturieren. Das ist die Unterstützung beim Lernen durch Methodik. Doch Lernende benötigen manchmal auch die Hilfe eines anderen Menschen, der ihnen bei der Erarbeitung der Methodik hilft und dabei, am Ball zu bleiben. Es gibt Kinder, die es z. B. mögen, wenn die Eltern bei den Hausaufgaben oder beim Üben nur dabeisitzen. Fachliche Hilfe wird gar nicht in Anspruch genommen. Und manchmal braucht man jemanden, der einem hilft, einen Plan zu machen, der einen schwierigen Text erläutert, der mit einem Vokabeln übt, oder erklärt, wie man an bestimmte Inhalte methodisch herangeht.

Eine gelungene Kommunikation zwischen Helfer und Hilfeempfänger ist die wichtigste Voraussetzung für die Unterstützung beim Lernen!

gelungene Kommunikation

Hilfe ist nicht gleich Hilfe! Es gibt sowohl motivationale als auch fachliche Hilfe. Für jede Art der Hilfe ist aber die gelungene Kommunikation zwischen Helfer und Hilfeempfänger eine Voraussetzung. Ist die Kommunikation gestört, gelingt die Unterstützung mit hoher Wahrscheinlichkeit nicht. Gerade Lernsituationen wie z. B. Hausaufgaben sind oft mit viel Ärger, Stress und Leid für alle Beteiligten verbunden. Hilfe wird zu einem ‚Hilfekrieg'.

Der ‚Hilfekrieg'

der Hilfekrieg ist oft Gewohnheit

Hilfe ist eigentlich etwas Gutes und geschieht mit den besten Absichten. Gerade beim Lernen ist Hilfe sehr wichtig. Wieso also sollte es in diesem Zusammenhang zum Krieg kommen? Und wer bekriegt sich da mit wem?

Lernender: *„Ach, diese blöde Textaufgabe! Ich verstehe das nicht!"*
Helfer: „Wo ist denn das Problem?"
L.: „Ach, ich weiß nicht, was ich machen soll …"
H.: „Textaufgaben habe ich dir doch schon so oft erklärt. Wieso klappt das denn wieder nicht?"
L.: „Jede Aufgabe ist anders und außerdem waren die Lösungen beim letzten Mal alle falsch."
H.: „Das liegt daran, dass du mir beim letzten Mal nicht richtig zugehört hast. So wie immer, wenn man dir was erklärt!"
L.: „Nein, das liegt daran, dass DU nicht erklären kannst!"
H.: „Nicht in diesem Ton!" …

Sie können sich vermutlich vorstellen, wie dieses Gespräch weitergeht …

Verzweiflung, Wut und Frustration

Der Hilfekrieg entsteht zwischen Helfer und Hilfe-Empfänger. Bei den Hausaufgaben sind meist die Eltern die Helfenden. Hausaufgaben sind ein berühmtes Schlachtfeld für den Hilfekrieg, aber er kann auch in jeder anderen Lernsituation ausbrechen. Da wird geschmollt, angebrüllt, verweigert und geheult – und zwar auf beiden Seiten. Manchmal fliegen auch sprichwörtlich die Fetzen, indem Stifte oder Hefte durch den Raum geworfen werden. Verzweiflung, Wut und Frustration dominieren das Geschehen, so dass kein Platz mehr frei ist für das eigentliche Ziel – nämlich das Lernen.

Aber es gibt sie, die friedlichen Hilfesituationen, bei denen alle Beteiligten zufrieden sind. Dem Helfer gelingt es, unterstützend zu agieren, und der Empfänger kann die Hilfe annehmen, so dass Lernen stattfindet.

Eine gute Hilfesituation schafft man in einer ruhigen, sachlich-orientierten Atmosphäre!

4 Tipps für Helfer, um den ‚Hilfekrieg' zu beenden

1. **Pause machen!** Betrachten Sie die Pause als eine Art Waffenstillstand, um Vorbereitungen für Friedensverhandlungen zu treffen.

2. Was auch immer nötig ist, um **sich** zu **beruhigen:** Atemübungen, einen Tee trinken, den Raum verlassen, spazieren gehen, sich sammeln.

3. **Friedensverhandlung.** Helfer und Empfänger besprechen ihre Art der Kommunikation in der Hilfesituation. Wie geht man miteinander um?

4. **Vereinbarungen** treffen! Hilfeziele sollten klar sein, sowohl im sachlichen als auch im motivationalen Sinne.

Vielleicht kommt Ihnen die folgende Hilfesituation ebenfalls bekannt vor:

Lernender: *„Och, ich weiß einfach nicht, wie ich meinen Aufsatz anfangen soll!"*
Helfer: „Zeig mal! Zu welchem Thema sollst du denn was schreiben?"
L.: „Wir sollen diese blöde, langweilige Geschichte zu Ende schreiben, die wir heute im Unterricht gelesen haben."

H.: „Wenn du schon so an die Aufgabe drangehst, dann kann das doch nichts werden! Also, jetzt konzentrier dich mal, immer das Gleiche mit dir!"
Lernender verschränkt die Arme und schmollt.

H.: „Komm, jetzt sitz hier nicht rum! Lies jetzt den Text, ich habe nicht ewig Zeit!"
Lernender sagt nichts. Er spielt mit seinem Stift und kritzelt in sein Heft.
H.: „Jetzt hör auf zu kritzeln und fang endlich an zu lesen.

L.: „Lies sie doch selbst!"
H.: „Das sind doch deine Hausaufgaben! Dann mach deinen Kram doch selbst! Wieso komme ich eigentlich auf die Idee, dir helfen zu wollen! Und hör auf zu kritzeln!"
L.: „Blabla". Fegt sein Heft vom Tisch, steht auf und geht.

hochgeschaukelte Situationen

Die Hilfesituation fängt meist friedlich an. Der Empfänger bittet um Hilfe, der Helfende geht darauf ein. Dann passt vielleicht dem Helfenden die Reaktion des Empfängers nicht und sein Ton wird schärfer. Die Reaktion des Helfenden passt wiederum dem Empfänger nicht und dieser reagiert, indem er ‚bockt'. Der Helfer ist nun aber nicht mehr von seinem Hilfswillen abzubringen und redet weiter auf den Empfänger ein. Je mehr sich der Empfänger verweigert, desto stärker bedrängt ihn der Helfer. Beide verstärken jeweils das Verhalten des anderen immer weiter, bis die Situation eskaliert. Dies gilt nicht nur für eine einmalige Hilfesituation, sondern verstärkt sich zunehmend, je öfter dieselben Helfer und Empfänger aufeinander treffen. In diesen Fällen hat sich mit der Zeit ein Interaktionsmuster gebildet, das letztendlich zum Teufelskreis ‚Hilfekrieg' führt.

Das Verhalten von Helfer und Hilfeempfänger wird durch ihre jeweiligen Reaktionen gegenseitig verstärkt, bis sie in der Situation festgefahren sind und sich im Teufelskreis ‚Hilfekrieg' befinden.

Verschiedene Ansichten – Es gibt mehr als nur eine Wirklichkeit

Wahrnehmung und Wirklichkeit

Kennen Sie das? Zwei Menschen sind zur gleichen Zeit in derselben Situation, haben aber unterschiedliche Ansichten darüber, worum es geht oder welche Ziele verfolgt werden. Das liegt daran, dass Menschen jeweils eine unterschiedliche Wahrnehmung haben, aber sich darüber nicht im Klaren sind. Man meint, es gäbe nur **eine** Wirklichkeit, und zwar die eigene. Das Gegenüber muss doch die gleichen Informationen haben, die gleichen Rückschlüsse ziehen! Und wenn nicht, dann verdreht der andere doch die Wirklichkeit! Und schon ist der Konflikt vorprogrammiert.

Eine Umfrage zum Thema ‚Hilfe bei Hausaufgaben', bei der sowohl Eltern als auch Schüler befragt wurden, hat folgendes Bild ergeben:

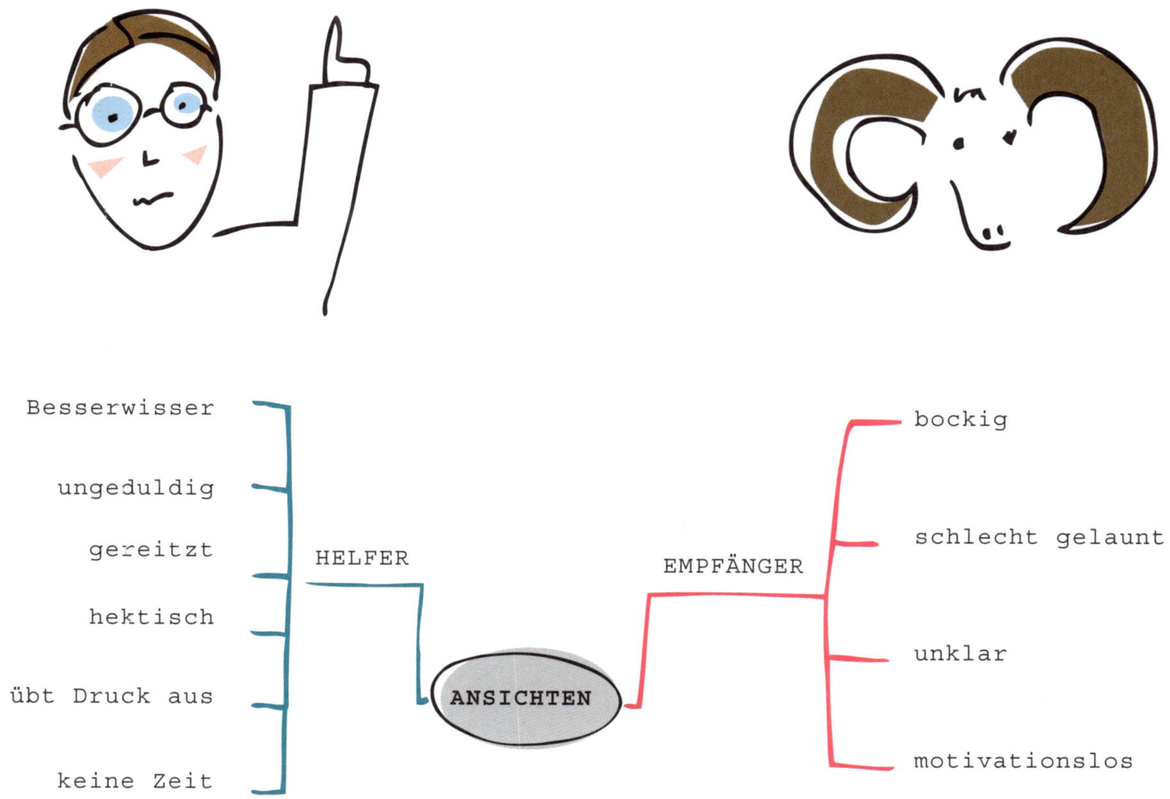

* *Gegenseitige Zuschreibungen von Helfern und Empfängern im ‚Hilfekrieg'*

Eltern schilderten häufig, dass sich Konflikte anbahnten, wenn das Kind bzw. der Hilfe-Empfänger schon im Vorhinein ‚bockig' war. Das ‚Bockigsein' des Empfängers als Auslöser für eine Auseinandersetzung wurde am häufigsten von den Helfenden genannt. Ihr bockiges Reagieren erklärten die Schüler damit, dass es erst durch die Ungeduld und Hektik der Helfer bzw. Eltern ausgelöst würde.

Als Begründung wurde von den Eltern bzw. Helfern genannt, dass durch die schlechte Laune und Lustlosigkeit des Schülers die Zeit unnötig verstreichen würde. Dadurch kommt man gerade dann, wenn nicht viel Zeit verfügbar ist, kaum voran und als Elternteil übt man Druck aus, damit überhaupt etwas passiert. Dieser Druck führt letztendlich dazu, dass der beteiligte Schüler noch mehr schlechte Laune bekommt, keine Lust mehr hat und einfach immer bockiger reagiert. Als absolutes ‚No-Go' betrachten die Schüler es, wenn Eltern sich keine Zeit nehmen, ungeduldig und hektisch sind.

‚No-Go': Zeitmangel

Für das Misslingen einer Hilfesituation, da waren sich beide Parteien einig, spielte der Zeitmangel eine große Rolle. Das Paradoxe ist, dass sich die Beteiligten dessen oft bewusst sind. Trotzdem eskaliert die Situation immer wieder.

‚No-Go': Unsicherheiten verbergen

Als kritisch gilt auch, wenn Eltern ihre Unwissenheit in einem bestimmten Bereich verbergen wollen und stattdessen auf die altbekannten Floskeln wie „Streng dich mehr an!" oder „Wir haben das damals so gemacht, also muss das auch klappen!" zurückgreifen. Dies kostet ebenfalls unnötig Zeit und hilft dem Schüler nicht weiter. Die Schüler berichteten, dass sie aufgrund dieses Verhaltens den Helfer als unsicher wahrnahmen und kein wirkliches Vertrauen in seine Hilfe aufbauen konnten.

keine konkreten Aussagen

Helfer bzw. Eltern reagierten oft genervt, wenn die Schüler keine konkreten Aussagen machten. Wenn etwa auf die Frage: „Was hast du denn nicht verstanden?" geantwortet wird: „Alles, ich verstehe alles nicht!" Dann fühlen sich Eltern provoziert und überfordert, weil die Suche nach dem, was konkret nicht verstanden wurde, sehr anstrengend ist.

Eltern als Besserwisser

Einige Schüler nahmen ihre Eltern als Besserwisser wahr. Sie mochten es nicht, wenn aus der Hilfe ein Vortrag zum jeweiligen Thema wurde. Den Schülern war klar, dass Eltern oft mehr wissen, aber durch den Vortrag und die Vorwegnahme von Schritten, die sie gerne alleine machen würden, fühlten sie sich klein und minderwertig. Schüler berichteten auch, dass *ein* Denkanstoß oft ausreicht und sie danach selbstständig weiterarbeiten könnten.

Beide Seiten tragen auf vielfältige Weise zum ‚Hilfekrieg' bei!

Lustlosigkeit

Eltern erzählten, dass Hilfestellung bei den Hausaufgaben während der Grundschulzeit noch einfacher war, weil die Hilfe ohne Kritik und ein ‚Vortrag' begeistert aufgenommen wurden. Eltern beklagten in den Interviews, dass Lust- bzw. Motivationslosigkeit häufig Konflikte heraufbeschwören, gerade wenn es um das Thema Hausaufgaben geht.

Relevanz der Hausaufgaben

Hausaufgaben werden, nach den Aussagen in den Interviews, in der Schule eher stiefmütterlich behandelt. Häufig werden sie am Ende der Stunden genannt, für Fragen bleibt kaum Zeit. Dann sind die Schüler zu Hause und plötzlich gibt es nichts Wichtigeres als Hausaufgaben. Das verwirrt. Warum soll man für etwas, was in der Schule am Ende, das heißt am Rande vermittelt wird, so viel Zeit investieren? Hausaufgaben werden auch nicht immer kontrolliert, das verstärkt zusätzlich das Gefühl, dass sie doch nicht so wichtig sein können. So ist es auch nicht verwunderlich, dass die Motivation ausbleibt. Schüler und Eltern äußerten, dass sie es wichtig fänden, wenn die Hausaufgaben im Unterricht mehr thematisiert würden, damit auch Fragen im Vorhinein geklärt werden können. Gewünscht wird auch, dass Aufgaben klar, differenziert und nach unterschiedlichen Niveaus gestellt werden sollten, damit auch jeder Schüler ein Erfolgserlebnis haben könne.

eigenes Verhalten reflektieren

Was ist also zu tun, um eine Eskalation zu vermeiden? Man muss mit dem aufhören, mit dem man angefangen hat, es durchbrechen, andere Vorgehensweisen versuchen. Dazu bedarf es einer Reflexion über das eigene Verhalten, sowohl beim Helfer als auch beim Empfänger.

Reflexion über das eigene Verhalten ist wichtig, um Eskalationen zu vermeiden!

Übung **Verhalten reflektieren**

Bitte denken Sie – Helfer und Empfänger jeweils für sich – über folgende Fragen nach:

Wie erlebe ich die Hilfesituation?
Wie nehme ich mich und den anderen wahr?
Was erwarte ich vom anderen? Was würde diese Situation positiv verändern?

In solchen schwierigen Situationen wie dem ‚Hilfekrieg' neigen Menschen dazu, die eigene Sicht der Dinge für die einzig mögliche Sicht zu halten. Die eigenen Ansichten sind wahr, abweichende Ansichten sind falsch. Diese Auffassung besteht dummerweise auf beiden Seiten.

Wer nur seine Ansicht als die einzig richtige ansieht, wird den ‚Hilfekrieg' nicht beenden können!

Als Helfer sollten Sie deshalb unbedingt folgende Punkte beachten:

- Das Erklärte kommt beim Lerner ***nicht*** immer genauso an, wie es von Ihnen gemeint ist.
- ***Eine*** Erklärung reicht oft nicht, um etwas zu verstehen bzw. zu behalten.
- Sie wissen gar nicht, was falsch läuft, weil nicht analysiert wurde, wie eigentlich gelernt wird.

Beachten Sie bitte auch, dass sachlich gemeinte Erklärungen durch Hektik, Zeitmangel und Ungeduld oft als persönlicher Angriff gewertet werden. Eventuell reicht Ihr Fachwissen auch nicht aus oder eine Lernaufgabe ist schlecht gestellt.

„Ich lern so und du lernst anders" – Jeder hat seine eigene Lernstrategie

Der eigentliche Lernprozess findet bekanntlich im Gehirn statt. Das, was wir tun, um zu lernen, ist das Lernverhalten. Dabei verfolgt jeder seine eigene Strategie, um den Lernprozess in Gang zu setzen, bewusst oder unbewusst. Auch wenn zunächst keine Systematik sichtbar ist, heißt das noch lange nicht, dass der Lernende nicht über eine Strategie verfügt. Setzt man sich hin, schlägt ein Buch auf, liest, schreibt etwas heraus, fasst dies zusammen, dann ist darin eine Strategie verborgen. Aber erst wenn man weiß, wie man vorgeht, kann man sein Lernverhalten auch verändern.

bewusste und unbewusste Strategien

„Interviewer: *„Wie lernst du eigentlich, beispielsweise für das Fach Deutsch?"*
Lernender: „Och, meistens lese ich die Texte erst und manchmal dann sogar noch ein zweites Mal."
I.: „Warum liest du den Text zweimal?"
L.: „Beim zweiten Lesen versuche ich noch genauer auf den Inhalt zu achten."
I.: „Und dann, wie merkst du dir, was du gelesen hast?"
L.: „Meistens schreibe ich dann eine Zusammenfassung."
I.: „Und dann hast du den Text verstanden?"
L.: „Weiß nicht. Ich glaube, dass ich in meiner Zusammenfassung nicht immer eigene Worte benutze."

Dieses exemplarische Gespräch mit einem Lernenden zeigt, ebenso wie auch andere Gespräche mit Schülern, dass die Frage nach dem Vorgehen beim Lernen meist schnell beantwortet wird. Die Befragten antworten, dass sie wiederholt lesen und Inhalte zusammenfassen. Diese Methode ist sehr beliebt. Einige Schüler erreichen damit ganz gute Ergebnisse, viele dagegen nicht. Woran liegt das? Ein Stolperstein ist die Zusammenfassung an sich. Wenn sie schlecht

Lesen und Zusammenfassen

strukturiert ist, dann sind die folgenden genauso schlecht. Einige können den Text intuitiv gut strukturieren, verstehen ihn dadurch besser und fassen dann besser zusammen. Vielen scheint das aber nicht zu gelingen und trotzdem halten sie weiter am Zusammenfassen fest.

fehlende Reflexion

Lernende kommen selten auf die Idee, etwas anderes auszuprobieren. Erklärt man ihnen dann, diese Herangehensweise sei eine Strategie, verneinen sie dies meist. Warum ist dies so? Das Wissen über das Vorgehen beim Lernen wird häufig vorausgesetzt. Die Reflexion über das Lernverhalten steht auch beim Lerner nicht im Vordergrund. In der Schule werden Lernstrategien im Unterricht zwar genutzt, aber oft so verpackt, als ob sie zum jeweiligen Fach gehörten. Schüler haben Schwierigkeiten, Lerntechniken fachunabhängig anzuwenden. Sie denken, dass z.B. Mind-Maps nur zum Fach Deutsch gehören würden und für weitere Fächer nicht anwendbar seien.

Das Herangehen, Planen und Strukturieren des Lernens ist fachunabhängig.

Festhalten an gewohnten Herangehensweisen

Schüler erkennen häufig nicht ihre übergeordneten Lernstrategien und meinen, dass Lernen einfach so passiert, wenn man nur lange genug daran sitzt. ***Wie*** sie sich mit dem Lernstoff beschäftigen, erscheint ihnen nicht relevant – Hauptsache, irgendetwas bleibt hängen, damit man den nächsten Test übersteht. Eine Reflexion über das Vorgehen und die eigenen Strategien findet kaum statt. So wird an der bisherigen Herangehensweise festgehalten, auch wenn diese nicht gut funktioniert.

Mia: *„Schon wieder eine schlechte Arbeit! Ich habe doch gelernt. Bei den anderen klappt das doch mit dem Lernen gut, Lisa setzt sich einfach hin und lernt, mein Papa hat mir gesagt, dass er nie Schwierigkeiten in der Schule hatte, und Fred ist sowieso ein Überflieger. Wenn die das so hinkriegen, muss ich das doch so auch in den Kopf kriegen. Also, weiter!"*

Jeder kennt Menschen in seiner näheren Umgebung, bei denen das Lernen anscheinend keine Probleme macht. Diese Menschen erfüllen die Anforderungen von Schule oder Universität ohne größere Schwierigkeiten. Der Lernende, der Probleme hat, begeht häufig einen Denkfehler! Er geht von der Annahme aus, wenn das bei den anderen klappt, dann sollte es bei mir doch auch funktionieren. Sonst hieße das ja, man wäre dumm. Deshalb hält er weiter an uneffektiven Strategien fest.

Auch die Personen ohne Lernprobleme unterstützen die Ansicht über das Lernen, weil sie wiederum davon ausgehen, dass Lernen genauso wie bei ihnen auch bei allen anderen funktioniert! Sie haben, ebenso wie der Lerner mit Schwierigkeiten, nicht darüber reflektiert, wie sie lernen. Deshalb verstehen diejenigen, deren Strategien funktionieren, nicht, warum Lernen bei anderen nicht funktioniert. Und deswegen ist die Analyse des Lernverhaltens so wichtig.

Wer beim Lernen helfen will, benötigt Antworten auf folgende Fragen, z.B. zum Lernen von Mia:

- Wie lernt sie und wie geht sie dabei vor? (Nachdenken über Strategie)

- Was lernt sie leichter und was weniger leicht? (Nachdenken über die unterschiedlichen Schwierigkeiten in verschiedenen Bereichen, z.B. Hobby vs. Schule)

- Wann und wie lange lernt sie? (Nachdenken über Zeitaufwand, Effektivität)

- Was empfindet sie beim Lernen? (Nachdenken über Befindlichkeit beim Lernen)

Aus den Antworten zu den Fragen erschließt sich:

- Jeder Mensch hat ein INDIVIDUELLES Lernverhalten.
- Die Analyse des Lernverhaltens ist oft zeitaufwendig und gesprächsintensiv.
- Erst wenn man weiß, wie man lernt, kann man Maßnahmen zur Veränderung einleiten.

Das Lernverhalten zu ändern, ist anstrengend und muss trainiert werden. Dann erreicht der Lerner Einfluss auf sein Lernergebnis.

- Bestärken Sie als Helfer den Lerner darin, dies auch zu tun.
- Ein Lerner kann jede Strategie, Methode und Technik nutzen und individuell für sich anpassen.
- Das Wissen über Lernverhalten beeinflusst die Hilfesituationen von Helfer und Empfänger und hilft, das Gewohnte zu durchbrechen.

Alte Gewohnheiten durchbrechen

unbewusste und automatisierte Abläufe

Gewohntes zu verändern oder zu durchbrechen fällt sehr schwer, vor allem weil Gewohnheiten meist unbewusste, automatisierte Abläufe sind. Das gilt für die Verhaltensabläufe beim Lernen und auch für die Art des gegenseitigen Miteinanders, bei dem häufig mehr als ein Punkt ‚schwierig' ist. Zum Beispiel kann die unüberlegte Aussage wie in der Sprechblase sehr verletzend sein.

Gute Rahmenbedingungen für die Hilfesituation tragen dazu bei, solche „Fehler“ zu vermeiden!

Vier Rahmenbedingungen für eine gelingende Hilfesituation:

1. **Planen Sie unbedingt zusammen!** Gerade zwischen Eltern und Kindern kann es ohne gemeinsame Absprachen zu Missstimmungen kommen.

2. **Sorgen Sie für Ruhe,** und zwar in jeder noch so kurzen Hilfesituation. Stellen Sie Türklingel und Telefon leise und schließen die Zimmertür. So richten Sie eine Hilfezone ein und es wird klar, dass jetzt eine andere Situation folgt.

3. **Mischen Sie nicht andere Themen hinein,** die mit der Lernsituation nichts zu tun haben. Das kann passieren, wenn Sie immer noch wütend darüber sind, dass Ihr Kind sein Zimmer nicht aufgeräumt hat, und dann bei der Hausaufgabenhilfe gereizt reagieren, weil Ihr Kind eine Aufgabe Ihrer Meinung nach nicht schnell und ordentlich genug erledigt. Das vergiftet die Atmosphäre und Stress ist vorprogrammiert.

4. **Legen Sie einen festen Zeitrahmen für die Hilfe fest.** Wenn es sich um eine spontane Anfrage handelt, versuchen Sie abzuschätzen, wie lange es ungefähr dauert und geben Sie den Zeitrahmen vor. Es ist für Schüler eine enorme Hilfe, wenn man ihnen für die Erledigung ihrer Aufgaben einen Zeitrahmen vorgibt. Fragen werden möglichst im Vorhinein oder während der Erledigung der Aufgaben gestellt. Häufig werden Schüler schneller fertig und freuen sich darüber. Man merkt auch schneller, wenn es nicht gut klappt. Dann kann man die Schüler bitten, erst einmal mit dem fortzufahren, was sie gut erledigen können. Am Ende bleibt Zeit für die Aufgaben übrig, bei denen sie wirklich mehr und länger Hilfe benötigen. Diesen Aufgaben kann man sich dann in Ruhe widmen, weil die anderen Aufgaben schon erledigt sind. Das macht die Hilfesituation wiederum entspannter. Wenn Sie wissen, dass Ihre Hilfe über einen längeren Zeitraum in Anspruch genommen wird, dann machen Sie einen Stundenplan.

* **Tipp:** *Für Schüler ist es auch wichtig, zwischen Lernzeit und Hausaufgabenzeit zu unterscheiden. Wann befassen wir uns mit der Erledigung der Hausaufgaben und wann brauchen wir Lernzeit für die Aneignung von Wissen?*

Die veränderte Lernsituation

Der Helfer braucht eine Hilfestrategie.

In fünf Schritten können Sie gemeinsam mit dem Lerner eine veränderte Lernsituation herstellen, dabei sollten Sie sich als Helfer im Vorhinein Gedanken zum Ablauf der Lernsituation machen.

sanfter Einstieg

Schritt 1: Zu Beginn eignet sich eine Konzentrations- bzw. Entspannungsübung, die sowohl der Lernende als auch der Helfer machen. Nutzen Sie solche Übungen als Ritual. So wissen Helfer und Empfänger, dass es jetzt losgeht. Ermöglichen Sie einen bewussten, sanften Einstieg. Unruhe und Hektik lassen sich so besser zähmen.

Schritt 2: Der langsame Einstieg in die gemeinsame Arbeitsphase, mit der Entwicklung einer Strategie: Was ist zu tun? Wie geht man vor? Wie lang soll die Lerneinheit sein? Mit welchen Techniken will man arbeiten? Wie werden die Themen strukturiert? Aufgaben, die nicht zu schwierig sind, werden jetzt erledigt.

Pause machen!

Schritt 3: In der Hochphase werden dann schwierigere Themen behandelt, Fragen werden geklärt. Wenn Sie merken, dass der Lerner sich nicht mehr gut konzentrieren kann und hibbelig wird, machen Sie eine Pause! 5–10 Min. reichen oft aus. Verschaffen Sie sich Bewegung! Wenn Sie aber merken, dass man erst ‚runterkommen' muss, dann bieten sich optional Entspannungsübungen an.

Übung Ein ruhiger Atem

Setzen Sie sich so auf einen Stuhl, dass Sie ganz auf der Sitzfläche sitzen. Lehnen Sie sich an. Die Beine stehen bequem auseinander auf dem Boden. Die Hände liegen flach auf den Oberschenkeln, locker, ohne sich zu berühren, der Kopf ist gerade (Diese Haltung wird die *Droschkenkutscherhaltung* genannt). Nun kann es losgehen:

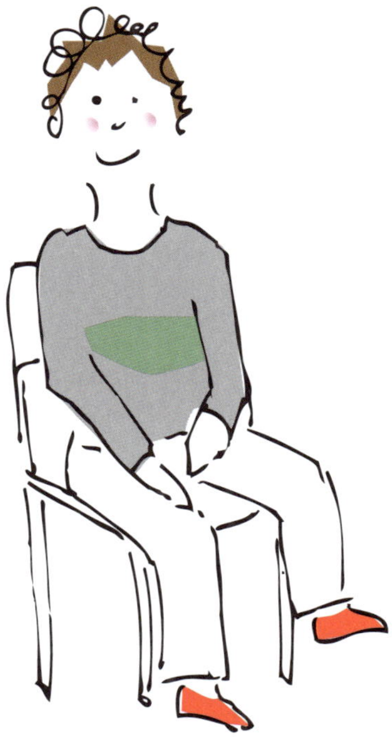

Schließen Sie zunächst die Augen.
Sagen Sie folgende Sätze in Gedanken *(3x wiederholen, jeweils mit einer Pause dazwischen):*

1. Ich bin ruhig, ganz ruhig!
2. Mein Atem geht ruhig und gleichmäßig!

Nun ist es Zeit, langsam zurückzukehren:
Sie atmen tief ein, recken und strecken Ihre Arme und öffnen die Augen.

Übung **Schwere und Wärme**

Schwereübung:

Droschkenkutscherhaltung einnehmen, langsam die Augen schließen und folgende Sätze in Gedanken aufsagen:

1. Ich bin ruhig, ganz ruhig.
2. Mein Atem geht ruhig und gleichmäßig.
3. Mein rechter Arm ist schwer, ganz schwer. Ich spüre die Schwere im rechten Arm ganz bewusst.

Wiederholen Sie den letzten Satz gedanklich auch für den linken Arm, das rechte und linke Bein und schließlich für den Körper.

4. Ich atme ruhig und gleichmäßig.
5. Meine Arme / Beine / mein Körper lösen sich nun von der Schwere. Atmen Sie tief ein, strecken Ihre Arme und öffnen die Augen.

Wärmeübung:

Nehmen Sie die Droschkenkutscherhaltung ein, schließen die Augen und beginnen wie oben unter 1. und 2. Fahren Sie dann fort mit

3. Mein rechter Arm ist warm, ganz warm. Ich spüre die Wärme im rechten Arm ganz bewusst.

Wiederholen Sie den letzten Satz gedanklich auch für den linken Arm, das rechte und linke Bein und schließlich für den Körper. Enden Sie dann wie oben unter 4 und 5. Atmen Sie tief ein, strecken Ihre Arme und öffnen die Augen.

* **Tipp:** *Häufig wird anfangs bei solchen Übungen gekichert oder gelacht. Lassen Sie sich nicht irritieren, machen Sie einfach weiter mit der Übung. Sprechen Sie danach kurz darüber, warum gelacht wurde und wie sich die Übung angefühlt hat. Meistens liegt es einfach an der ungewohnten Situation. Je öfter und souveräner Sie die Übungen machen, desto weniger unwohl werden Sie sich fühlen. Deshalb gilt auch hier: üben, üben, üben …*

Diese Übungen bieten sich auch für den Unterricht an! Wenn Sie merken, dass Ihre Klasse zu unruhig wird, probieren Sie aus, ob sich die Schüler mit diesen Übungen entspannen können. Besonders Schüler der Grundschule und der 5. bis 7. Klasse lassen sich für solche Übungen oft begeistern.

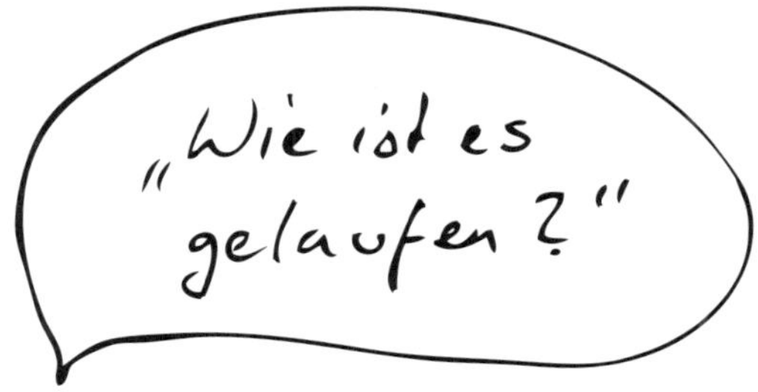

Schritt 4: In der auslaufenden Phase kommen Sie langsam zum Ende. Stellen Sie sich darauf ein, dass die Lernzeit nun fast vorbei ist.

Schritt 5: Zum Abschluss verschaffen Sie sich einen Überblick über das, was erledigt wurde. Geben Sie sich gegenseitig ein 5-Finger-Feedback:

Feedback ist wichtig!

5-Finger-Feedback! Es geht schnell und man vergisst keinen ‚Finger'. Die Feedback-Fragen lassen sich leichter und konkreter beantworten – mündlich oder schriftlich!

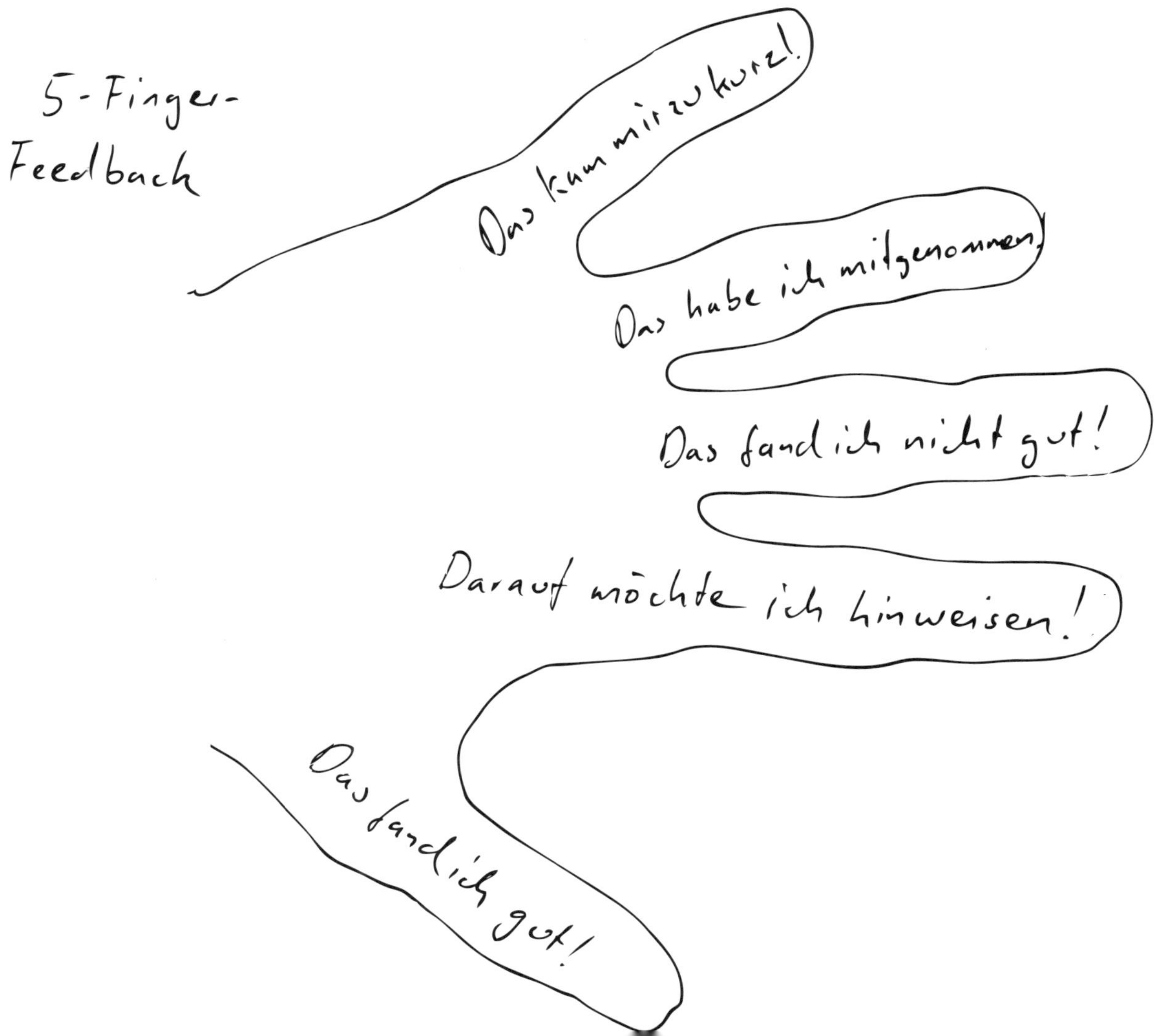

vereinbarte Zeit beachten!

Bei der Veränderung des Lernverhaltens ist es anfangs wichtig, möglichst positive Erfahrungen zu machen. Hören Sie deshalb unbedingt zur vereinbarten Zeit auf, auch wenn es gerade gut läuft. Lernt man zu lange, treten Müdigkeit und Konzentrationsschwankungen ein, das Lernen funktioniert nicht mehr und dann schleichen sich alte Gewohnheiten wieder ein.

Veränderte Rahmenbedingungen und ein ritualisierter Ablauf sind wichtige Voraussetzungen für das Verbessern von Lernsituationen!

Immer dann, wenn man eine gewohnte Situation und deren Rahmenbedingungen ändern will, hat dies Rückwirkungen auf die beteiligten Personen. Es ändern sich nicht nur die Bedingungen, sondern auch Helfer und Empfänger ändern sich.

Der veränderte Helfer

Wer Hilfe braucht, ist darauf angewiesen, dass der Helfer Ruhe und Geduld ausstrahlt, gerade wenn der hilfesuchende Lerner selbst innerlich sehr aufgewühlt ist. Er kommt bei seinem Problem nicht weiter, sein Denken ist in dieser Situation blockiert. Geduldiges Agieren des Helfers stabilisiert den Lerner und dieser kann wieder unverkrampft mitdenken und an einer Lösung arbeiten.

Schenken Sie dem Lerner Aufmerksamkeit und hören Sie ihm richtig zu!

Aufmerksamkeit

Verändern Sie Ihr Hilfeverhalten, indem Sie dem Lerner Aufmerksamkeit schenken. Hören Sie gut zu, nehmen Sie den Schüler ernst. Gutes Zuhören heißt auch, dem Lerner Verständnisfragen zu stellen. Zuhören ist in solch einer Situation eine Herausforderung! Der Lernende ist aufgewühlt, hat Denkblockaden und kann sein Anliegen oft nur schwer vermitteln. Seien Sie davon nicht genervt. Sie können dem Lerner durch geschickte Fragestellung dabei helfen, sich zu sortieren und zu beruhigen:

„Was meinst du mit ...?"
„Kannst du mir das bitte noch einmal erklären?"
„Was sollst du genau machen?"
„Ich habe den Eindruck, dass du wütend/traurig/lustlos bist, warum?"
„Warum macht dich die Aufgabe so wütend/traurig/lustlos?"

Vor dem Verbalisieren wird visualisiert!

Visualisierung der Gefühle

Manchmal ist es für den Lerner auch bei guten Fragen sehr schwierig, sich auszudrücken. Angst ist beispielsweise ein so lähmender Zustand, dass das Denken und Reden nicht möglich scheinen. KaWas© (**K**reative **A**nalograffiti **W**ort-**A**ssoziationen entwickelt von Vera F. Birkenbihl) können helfen, dem Unaussprechlichen Ausdruck zu verleihen. Dabei wird wie im Beispiel die Emotion auf ein Blatt geschrieben und anschließend werden zu jedem Buchstaben in Bezug auf die Emotion Begriffe assoziiert.

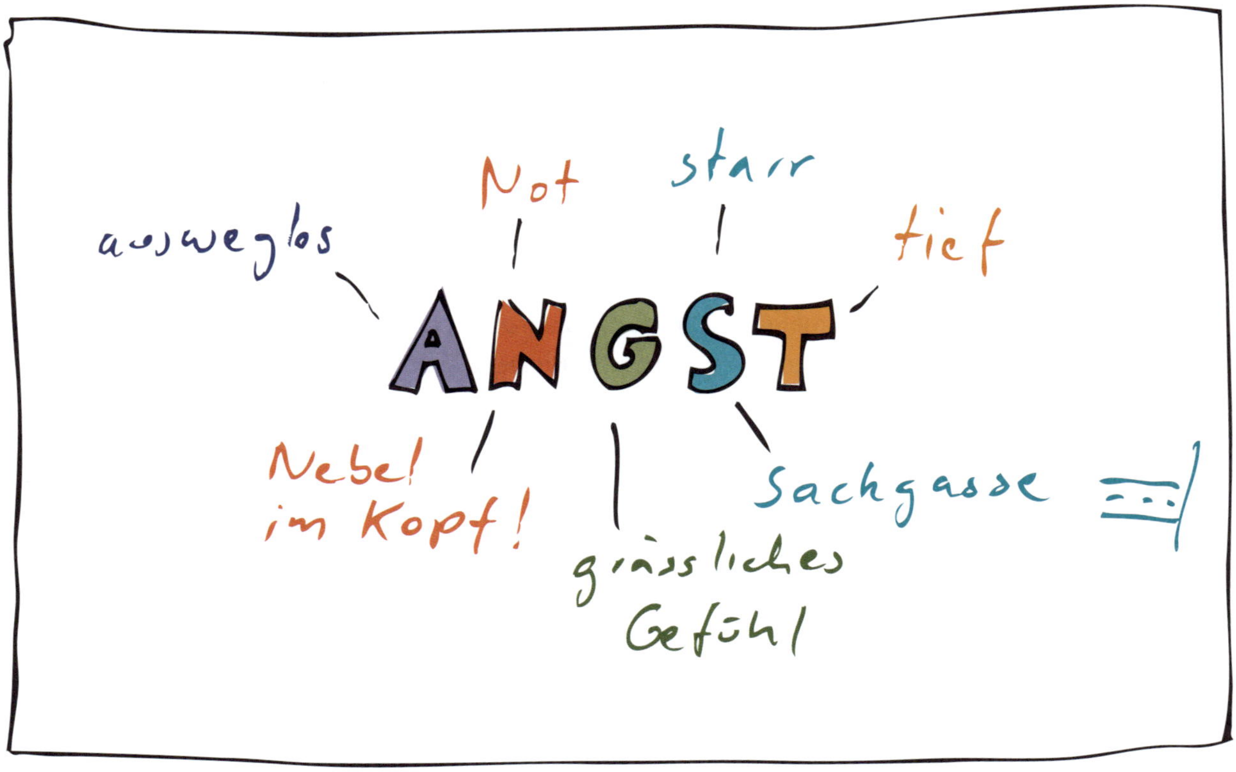

* *KaWa© zum Thema Angst*

Die Visualisierung verlagert das Unaussprechliche auf die Sachebene und erleichtert die Kommunikation.

Assoziationen liefern Gesprächsgrundlage

So wird man zum Nachdenken ‚gezwungen' und von der emotionalen Belastung abgelenkt. Das Unaussprechliche verlagert sich auf die Sachebene, die assoziierten Begriffe und Bilder liefern eine Gesprächsgrundlage und nun kann erklärt werden, was los ist. Der Helfer signalisiert mit diesem Vorgehen, dass er den Lernenden verstehen möchte. Das hilft dem Empfänger, Vertrauen zu entwickeln, sich zu öffnen.

Im zweiten Schritt geht es darum, noch einmal zur Angst zu assoziieren, aber mit der Aufgabe, positive Lösungsansätze zu finden.

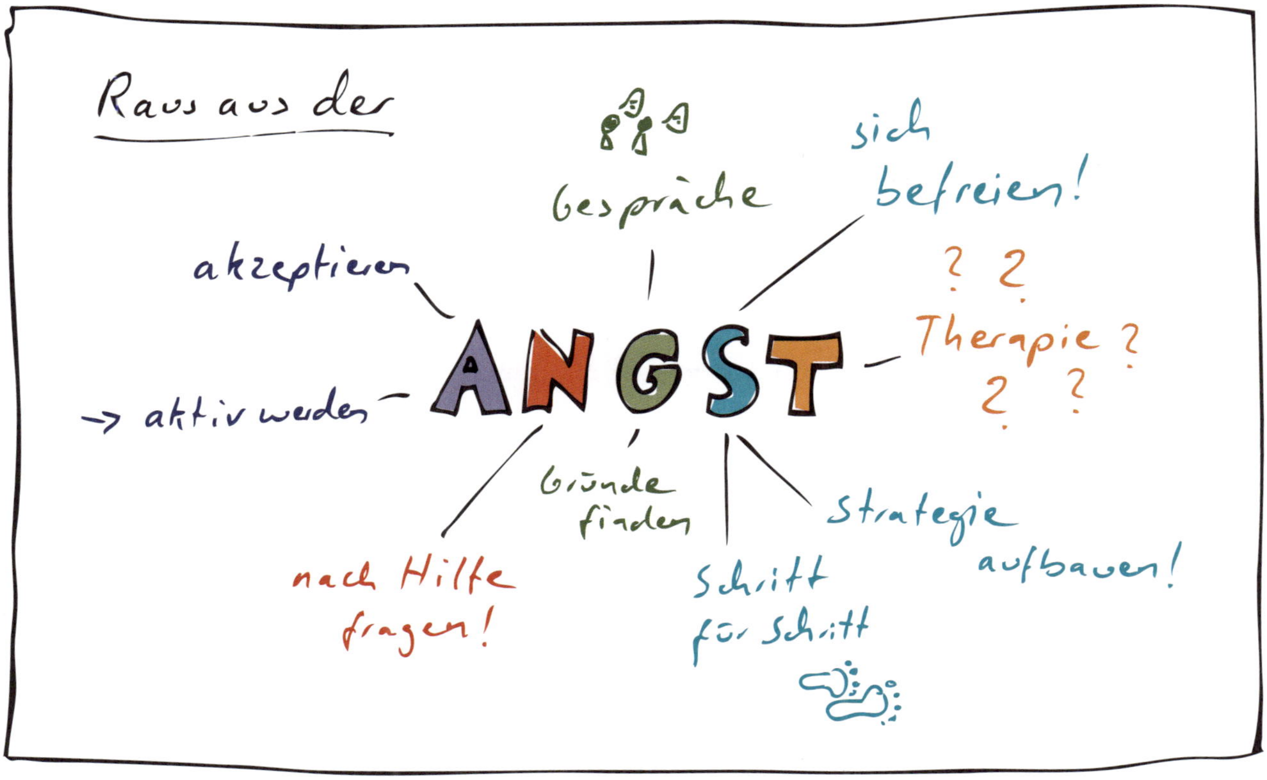

* *KaWa © zum Thema Angst mit positiveren Assoziationen als in der vorherigen Abbildung.*

Der veränderte Empfänger

klare Formulierungen

Der hilfesuchende Lerner befindet sich in der unterlegenen Position, da er Hilfe benötigt. Er fühlt sich unwohl, besonders wenn die Beziehung zum Helfer angespannt ist. Durch seine unterlegene Position fühlt er sich oft nicht verstanden. Schwierig wird es, wenn er Hilfe verlangt, diese aber nicht seinen Vorstellungen entspricht. Deshalb gilt für den Lerner: Er sollte akzeptieren, dass er Hilfe benötigt. Er hilft dem Helfer, wenn er möglichst klare und konkrete Formulierungen verwendet, die sein Problem beschreiben. Die folgende Tabelle soll helfen, für beide den Unterschied zwischen konkreten Problemschilderungen und vagen oder pauschalen Aussagen zu klären.

Ich hasse Mathe!	Ich brauche Hilfe bei einer Matheaufgabe.
Ich kapier gar nichts!	Ich verstehe die Formel, den Lösungsweg etc. nicht.
Das sind voll die dummen Fragen.	Ich bin total verzweifelt, weil ich diesen Text nicht verstehe, deshalb kann ich die Fragen nicht beantworten.
Das Thema braucht kein Mensch! Werde ich später nie wieder machen!	Ich finde das Thema total ätzend, muss es aber machen. Wie kriege ich das bloß hin?
1. Ich kann das nicht.	Ich bin unsicher. Weiß nicht, was ich machen soll.
2. Ich kann das nicht.	Ich will die Aufgabe nicht machen. Habe heute einfach keine Lust!
3. Ich kann das nicht. Mach du doch.	Ich fühle mich mit der Aufgabenstellung überfordert. Ich verstehe nicht, was von mir verlangt wird.

‚Kein Bock!' war das, womit Eltern nach ihren Aussagen am häufigsten konfrontiert waren, wenn es um die Hilfesituationen mit ihren Kindern ging. Das war dann Anlass für einen Streit. Wir haben versucht, die Bedeutung von ‚Kein Bock!' nach den Aussagen der Schüler und Eltern zu interpretieren und zusammenzufassen:

- Vermeidungshaltung – gegenüber Helfendem oder dem Thema! Bsp. a): „Ach nee, nicht schon wieder Hausaufgaben machen mit Mama. Die ist sowieso noch sauer auf mich wegen gestern …"; Bsp. b): „Ich mag das Fach nicht, der Lehrer ist so doof. Ich möchte etwas anderes machen …" **Vermeidung**
- Unlust – keine Motivation! Bsp.: „Der Lehrer kann mich eh nicht leiden, warum soll ich dafür lernen." **Unlust**
- Frustration – aufgrund von Überforderung! Bsp.: „Ich verstehe das nicht. Ich habe nie eine gute Note in dem Fach, egal wie sehr ich mich anstrenge. Ich will mich nur noch verkriechen …" **Frust**
- Langeweile – aufgrund von Unterforderung! Bsp.: „Dieses Thema ist so öde. Ich komme mir so blöd dabei vor." **Langeweile**

Tipps für den Empfänger:

- Sagen Sie, warum Sie ‚keinen Bock' haben! („Ich habe keinen Bock, weil …")
- Was können Sie dagegen tun? Und wie kann Sie der Helfer unterstützen?

Tipps für den Helfer:

- Lassen Sie sich von ‚Kein Bock!' nicht abschrecken und nehmen Sie die Aussage nicht persönlich! Das macht Sie in Ihren Reaktionen viel professioneller.
- Fragen Sie nach der Ursache! „Warum hast du ‚keinen Bock'?"

Pauschale Äußerungen sind häufig Totschlagargumente, die es dem Helfer fast unmöglich machen, passend darauf zu reagieren. Mit der konkreteren Aussage „Ich will die Aufgabe nicht machen. Habe heute einfach keine Lust!" artikuliert der Lerner seine Unlust. Der Helfer kann daraufhin z. B. auf diese Weise verfahren:

1. Man lässt die Sache für heute ruhen, weil sie nicht so dringend ist und signalisiert damit, dass es auch in Ordnung ist, mal Dinge ruhen zu lassen. Aber man vereinbart für den nächsten Tag, sich der Sache zu widmen.

2. Die Sache muss dringend erledigt werden, also muss man sich überlegen, wie man die Unlust überwinden kann. Wozu habe ich keine Lust? Warum habe ich keine Lust?

Je mehr Informationen der Helfer vom Empfänger bekommt, desto besser kann er helfen.

Ehrlichkeit und Offenheit

An den Empfänger: Je ehrlicher und offener Sie sind, desto konkreter kann der Helfer Sie unterstützen. Insofern sind Sie als Empfänger auch ein Helfer!

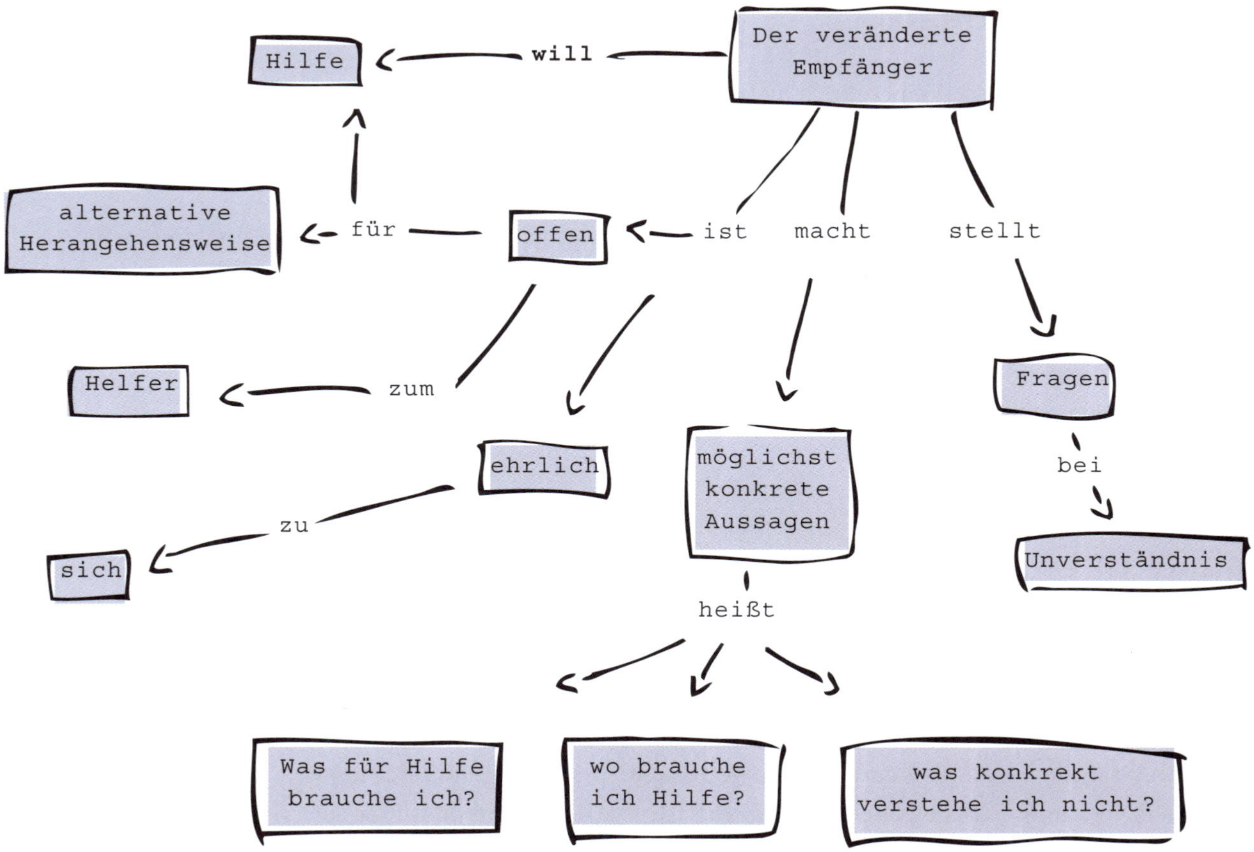

* *Hinweise zur Veränderung für den Empfänger*

Achtung

Wenn Sie aber merken, dass die ‚Chemie' zwischen Helfer und Lerner nicht stimmt, dass Sie auf keinen grünen Zweig kommen, egal, was Sie ausprobieren, dann sind Alternativen wichtig. Es kann sich hinter dem ‚Hilfekrieg' ein wesentlich tieferes Problem verbergen, wenn z. B. die Eltern-Schüler-Beziehung so vorbelastet und gestört ist, dass Hilfe beim Lernen einfach nicht funktioniert. Dann sollten Sie sich überlegen, externe professionelle Hilfe in Anspruch zu nehmen. Versuchen Sie auch Menschen zu finden, mit denen Sie sich über die Probleme austauschen. Sprechen Sie mit Menschen, die in einer ähnlichen Situation sind oder waren, und löchern Sie diejenigen mit Fragen, bei denen alles ‚glatt' läuft. So verschaffen Sie sich den Zugang zu verschiedenen Perspektiven und Ihr Problem bleibt nicht länger anonym.

professionelle Hilfe

Zu Beginn der Lernaktivität

Ziele

Erinnern Sie sich an das Lernpferd und die vier Lernschritte?

Schritt 1 – Zielsetzung: Vor Beginn des Lernens ist es wichtig, das Ziel möglichst konkret festzulegen. Ohne Ziel lässt sich nicht sinnvoll lernen. Es dient auch während des Lernens dazu, kontrollieren zu können, ob die jeweilige Tätigkeit tatsächlich zielführend ist.

Schritt 2 – Handlungsplanung: Wenn das Ziel klar ist, lassen sich auch die zur Zielerreichung notwendigen Schritte festlegen und der erforderliche Zeitaufwand einschätzen. Jetzt findet die Planung des konkreten Vorgehens statt.

Schritt 3 – Umsetzung: Dies betrifft die Durchführung des festgelegten Plans. Aber bitte halten Sie nicht ‚blind' an einem Plan fest, Änderungen können manchmal sinnvoll sein.

Schritt 4 – Bewertung: Wurde das Ziel erreicht oder nicht? Was sind die Gründe dafür? Was bedeutet das für den Lernenden sowie den Helfenden? Was kann man aus dem Vorgehen für die Zukunft ableiten?

Schritt für Schritt

In der praktischen Durchführung lassen sich die ersten zwei Schritte kaum trennen, da mit der Zielvorstellung auch das Vorgehen festgelegt zu sein scheint. Wir wollen Sie aber auffordern, Ihre Lernhandlungen tatsächlich Schritt für Schritt gründlich zu planen, vor allem an den Stellen, die aus Ihrer Erfahrung problematisch sind.

Vielleicht denken Sie jetzt, dass es doch sehr mühsam und übertrieben ist, in so kleinen Schritten vorzugehen. Für den Lerner ist es aber wichtig, die vier Schritte gründlich durchzuführen, damit er sein Lernverhalten verbessern kann. Und auch ein Helfer sollte die Lernschritte kennen, damit er sie zum einen gemeinsam mit dem Lerner in den Hilfesituationen anwenden kann. Zum anderen kann der Helfer dem Lerner, neben der inhaltlichen Hilfe, auch zeigen, wie er selbst seine Lernsituation verbessern kann.

Das gewohnte Vorgehen muss kritisch unter die Lupe genommen werden, damit nach Möglichkeiten der Veränderung und Verbesserung gesucht werden kann.

Zielsetzung

Für das erfolgreiche Lernen ist es wichtig, ein Ziel festzulegen!

Ziel

Was ist mein Ziel? Geht es um Anerkennung durch andere, eine gute Zensur oder darum, etwas wirklich zu wissen, zu verstehen? Es ist wichtig, sich auch solche Fragen zu beantworten, da sie Einfluss auf die Art und Weise des Vorgehens beim Lernen haben.

Es macht einen großen Unterschied,

- ob man etwas lernen will, um es am nächsten Tag noch hinreichend gut nutzen zu können (und danach wieder zu vergessen), oder
- ob man etwas lernen will, was man praktisch immer wieder benötigen wird und das man deswegen ‚richtig verstehen' muss.

Im ersten Fall reicht es, den Stoff auswendig zu lernen. Im zweiten Fall ist es erforderlich, das neue Wissen in das bereits vorhandene Wissen einzubinden.

Sachziel festlegen

Deshalb legt man ein **Sachziel** fest: Was soll konkret erreicht werden? Oft wird das Lernziel bei Schülern durch die Schule vorgegeben. Es kann und sollte aber niedriger angesetzt werden, wenn erfahrungsgemäß das von der Schule gesteckte Ziel nicht erreicht wird. Am Beispiel von Hausaufgaben könnte das bedeuten, in Mathematik nur drei von fünf der gestellten Aufgaben zu erledigen oder in Deutsch festzulegen, dass eine Textanalyse nicht mehr als eine halbe Seite handschriftlich umfasst.

Selbst formulierte Ziele werden verbindlicher eingehalten.

Am sinnvollsten ist es, wenn der Lerner selbst sein Ziel formuliert, denn das ist viel verbindlicher als ‚fremdgesetzte' Ziele. Der Helfer achtet dabei darauf, dass keine zu hohen oder zu niedrigen Ziele gesetzt werden. Hat der Lerner bisher meist nur ein bis zwei Aufgaben bewältigt, sollte die Zielsetzung nicht über drei zu bewältigende Aufgaben hinausgehen.

Zeitziel

Es ist sehr oft erforderlich, das Sachziel durch ein **Zeitziel** zu ergänzen. Besonders dann, wenn in der Vergangenheit das gewünschte Sachziel nicht erreicht wurde. Dann wird vereinbart, dass man eine bestimmte Zeit ernsthaft an der Aufgabe arbeitet und sie dann auf jeden Fall beendet, auch wenn das Sachziel noch nicht erreicht ist.

Frustration und verbissenes, sinnloses Weitermachen an einer Aufgabe können durch Zeitziele vermieden werden!

Wie lange gelernt wird, legt der Lerner auch selbst fest. Kinder neigen allerdings dazu, sich zu überschätzen oder einfach zu viel zu versprechen. Der Helfer sollte wissen, dass eine ernsthafte Beschäftigung von 10 oder 15 Minuten ohne Frust besser ist, als 30 Minuten verbissen mit dem Lernstoff zu kämpfen.

Drei Kraftstoffe für erfolgreiches Lernen

Steht das Lernziel fest, kommt die Planung der Durchführung. Mit welchen Maßnahmen erreicht man das Ziel? Diese Frage betrifft die Auswahl der passenden Lernmethoden, die in den nächsten beiden Kapiteln vorgestellt werden.

Lernen kostet Kraft und Energie, die man vorher ‚tanken' muss.

Die zweite wichtige Frage für die Handlungsplanung ist, wie man die notwendige Ruhe, Geduld und Ausdauer behält: Niemand käme auf die Idee, eine Fahrt mit dem Auto mit einem leeren Tank zu beginnen. Was aber kann als Kraftstoff fürs Lernen ‚getankt' werden? Wir brauchen drei verschiedene Kraftstoffe, weil drei verschiedene Mühlen in Gang gehalten werden müssen.

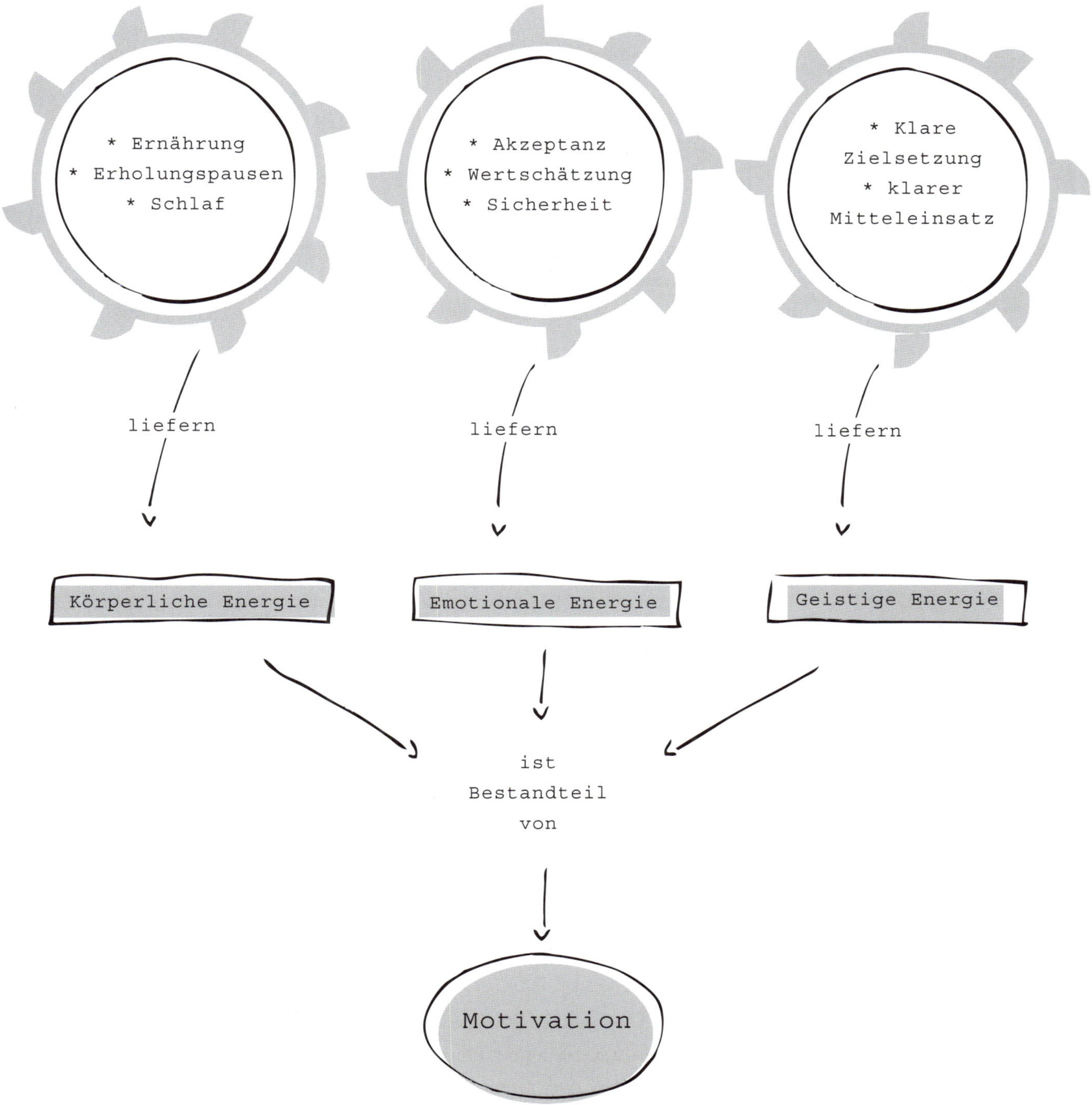

* *Quellen der Motivation: Körperliche, emotionale und geistige Energie*

Pausen sind wichtig, besonders nach anstrengender Arbeit. Auch Schule ist anstrengend!

Kraftstoff 1 – Körperliche Energie

körperliche, geistige und emotionale Energie

Schüler sollten nicht sofort nach der Rückkehr aus der Schule mit den Hausaufgaben beginnen. Schule ist durchaus anstrengende Arbeit und danach braucht man eine Pause. Kinder sollten dann essen und trinken, falls möglich auch kurz schlafen. Der Schlaf trägt zur körperlichen und geistigen Erholung bei, aber auch dazu, die Lerninhalte aus der Schule zu festigen.

Die Beziehung zwischen Helfer und Lerner soll die Lernsituation positiv beeinflussen.

Kraftstoff 2 – Emotionale Energie

Wertschätzung und Akzeptanz

Wenn Lernende mit Helfern zusammen arbeiten, darf deren positive Beziehung nicht vom Lernerfolg abhängen. Stellen Sie sich vor, wie Kinder sich fühlen, wenn Wertschätzung und Akzeptanz vom sachlichen Erfolg der Arbeit abhängen. Alle Menschen wollen um ihrer selbst willen akzeptiert werden, unabhängig davon, ob ihnen eine Arbeit gerade gut oder schlecht gelingt. Sie benötigen *Wertschätzung* und das Gefühl, als Mensch akzeptiert zu werden. Das sind besonders wirksame Quellen emotionaler Energie. Kinder benötigen auch *Sicherheit*, sie dürfen keine Angst vor Überforderung, Bedrängung oder Strafen haben.

Strafe für erfolgloses Lernen ist wirkungslos – so wie eine Strafe auch einen Schnupfen nicht beseitigt.

Kraftstoff 3 – Geistige Energie

Sie beziehen wir aus einer klaren und erreichbaren Zielsetzung und dem Wissen, welche Mittel dafür einzusetzen sind. Wichtig ist, dass man die Arbeit mit der Aussicht auf einen sachlich positiven Abschluss beginnen kann.

Sachliche Vorbereitung

Der Arbeitsplatz als Ort guten Lernens.

Die sachliche Vorbereitung betrifft den Platz, an dem gelernt wird, und das erforderliche Material. Die Lerntätigkeit sollte möglichst ungestört und ohne unnötige Unterbrechungen stattfinden. Es sollte zum Lernen einen festen **Arbeitsplatz** geben, der wenig Ablenkung bietet. Gute Beleuchtung, am besten ist Tageslicht, und genügend Freiraum für die erforderlichen Lernmaterialien sind wichtig. Das **Arbeitsmaterial,** Bücher oder Texte, ist in Griffnähe und Schreibmaterialien wie Papier, Heft, Stifte, Anspitzer, Marker und Lineal sind ebenfalls vorhanden.

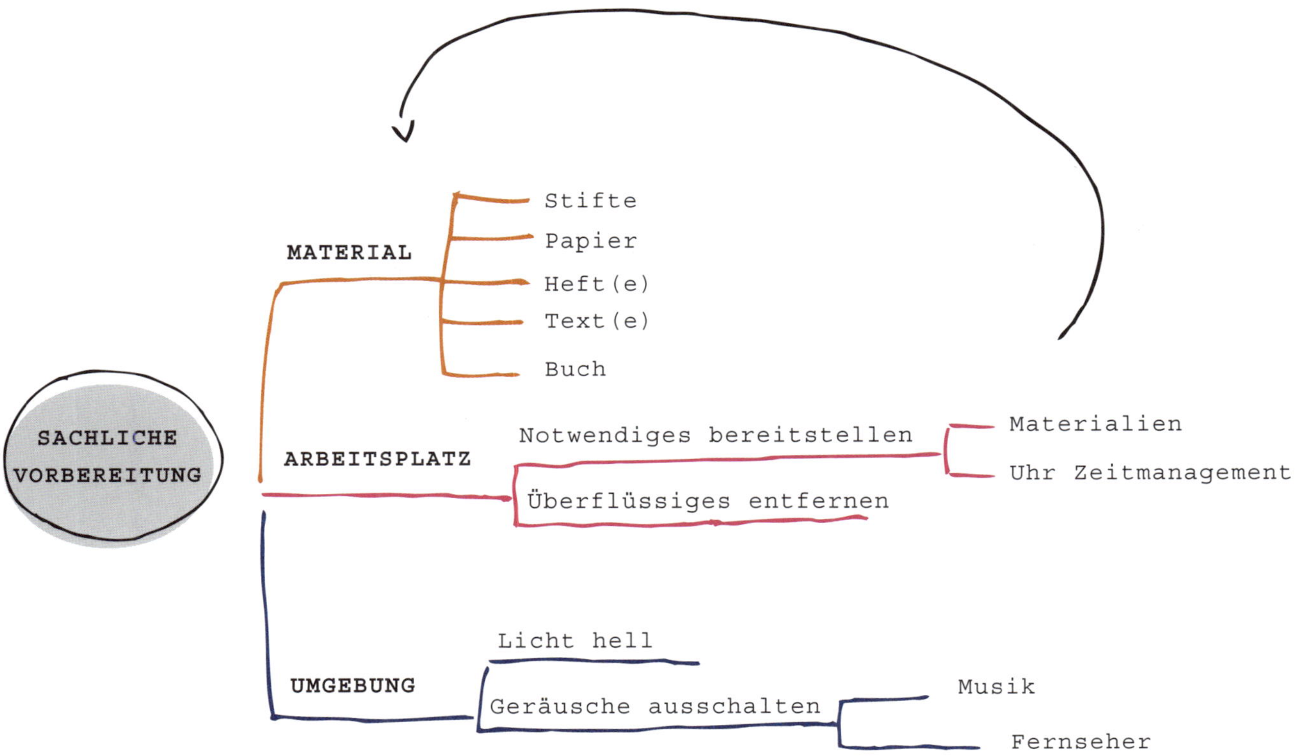

* *Mind-Map zur sachlichen Vorbereitung*

Aller Anfang ist schwer –
Erste Annäherungen an ein Thema

Annäherung

Manchmal muss man sich einem Thema erst einmal annähern, um die Anfangsschwierigkeiten zu überwinden. Annäherung ist dann wichtig, wenn man einfach nicht weiß, wie man anfangen soll oder ‚Null-Bock' hat.

Annäherungsmethoden

Bei etwas völlig Neuem weiß man nicht, wie man beginnen soll, man hat ja auch noch keine Ahnung von den Inhalten. Hat man dann ein entsprechendes Schulbuch, fängt man einfach dort an, wo auch das Buch beginnt.

Neues ist zwar interessant, lässt aber auch befürchten, dass man den neuen Stoff nicht verstehen wird. Solche Sorgen kommen einem vor allem dann, wenn man bereits entsprechende Erfahrungen gemacht hat. Man ist ängstlich, traut sich wenig zu und will deshalb einfach nicht beginnen. Ähnlich kann es einem gehen, wenn man nicht davon überzeugt ist, dass einem das Wissen überhaupt ‚etwas bringt'. Man fragt sich, wozu das neue Wissen denn eigentlich gut sein soll. Kindern und Jugendlichen geht es mit vielen schulischen Inhalten so. Dann fällt der Anfang schwer. Für solche Annäherungsprobleme gibt es ‚Annäherungsmethoden'.

Einstieg ins Thema mit KaWas© – Kreatives Analograffiti Wort-Assoziationen

KaWa © – Kreative Analograffiti Wort-Assoziationen helfen, sich einem Thema zu nähern.

Die schon aus dem letzten Kapitel bekannte Methode der KaWas© kann auch angewendet werden, um sich mit assoziativen Wort-Bildern, die auch als ‚Denkwerkzeug' bezeichnet werden können, einem Thema zu nähern. Sie helfen assoziativ-verbindend, nach Zusammenhängen suchend, zu denken.

Assoziieren mit KaWas ©

Um einen leichteren Einstieg in die Erstellung eines KaWas© zu bekommen, fangen Sie am besten mit Ihrem Namen an. Schreiben Sie ihn in die Mitte des Blattes.

Zu jedem Buchstaben assoziieren Sie nun mindestens einen positiven Begriff. Das ist wichtig, weil es um Ihren Namen geht und Sie mit einem guten Grundgefühl beginnen sollen. Lassen Sie Ihren Blick einfach über Ihren Namen schweifen und setzen Sie bei dem Buchstaben an, zu dem Ihnen etwas einfällt. Sie können auch Symbole und Bilder, die Ihnen durch den Kopf gehen, hinzufügen und mit Farben das KaWa© interessanter und ansprechender gestalten.

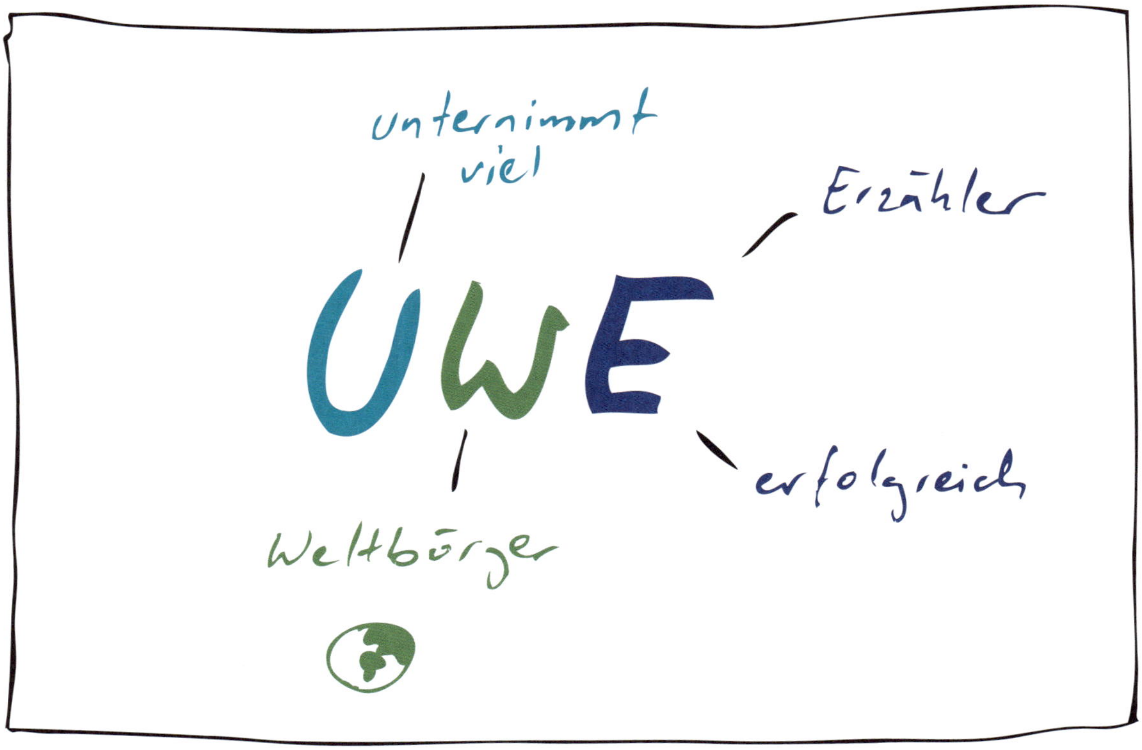

Für Anfänger empfiehlt es sich, auf folgende Punkte zu achten:

- Taucht ein Buchstabe mehrmals auf, dann nutzen Sie ihn ruhig erst nur einmal!
- Üben Sie! Je mehr Übung Sie haben, desto leichter werden Ihnen auch zu mehrfach vorkommenden Buchstaben Begriffe einfallen.
- Nutzen Sie ein Wörterbuch, um nach Begriffen zu suchen!
- Falls Ihnen zu einem Buchstaben gar nichts einfällt, haben Sie ruhig Mut zur Lücke!

Dieses Denkwerkzeug lässt sich besonders gut als Annäherung an ein Thema benutzen, wenn man einen Einstieg braucht. Bei einem völlig freien Brainstorming ohne KaWa© weiß man oft nicht, wo man ansetzen soll und man hat das Gefühl, im Trüben nach passenden Begriffen zu fischen.

Einstieg finden

KaWas© bieten durch die Assoziationen zu den einzelnen Buchstaben einen Anker und so fällt der Einstieg in ein Thema leichter.

KaWas© lassen sich für jeden beliebigen Begriff anfertigen. Auch für Mathematik, die ja für viele Menschen nicht besonders attraktiv ist, wie die nächste Abbildung zeigt. Trotz der negativen Grundeinstellung zu Mathematik erscheinen in der Abbildung auch fachrelevante Begriffe wie Hypotenuse. Das Argument, dass man dazu gar nichts weiß, greift hier nicht. Selbst wenn die Haltung negativ ist, hat man dennoch mit der Methode Vorwissen aktiviert, denn sie ermöglicht eine gedankliche Fokussierung und macht Ihre Gedanken bzw. Ihr Wissen sichtbar. So können Sie z. B. aus Ihrer KaWa© schließen, was Sie wissen, was Sie sich noch aneignen müssen und welche Haltung Sie zum Thema haben. Es ergibt sich fast immer mindestens ein **positiver Aspekt,** zumindest lässt er sich in einem zweiten Anlauf herstellen! Wichtig ist, dass Sie es nicht beim KaWa© belassen, sondern Ihre so gewonnenen Ideen nutzen, um zu diesem Thema Konzepte zu erarbeiten.

gedankliche Fokussierung

Jedes KaWa© liefert mindestens einen positiven Aspekt.

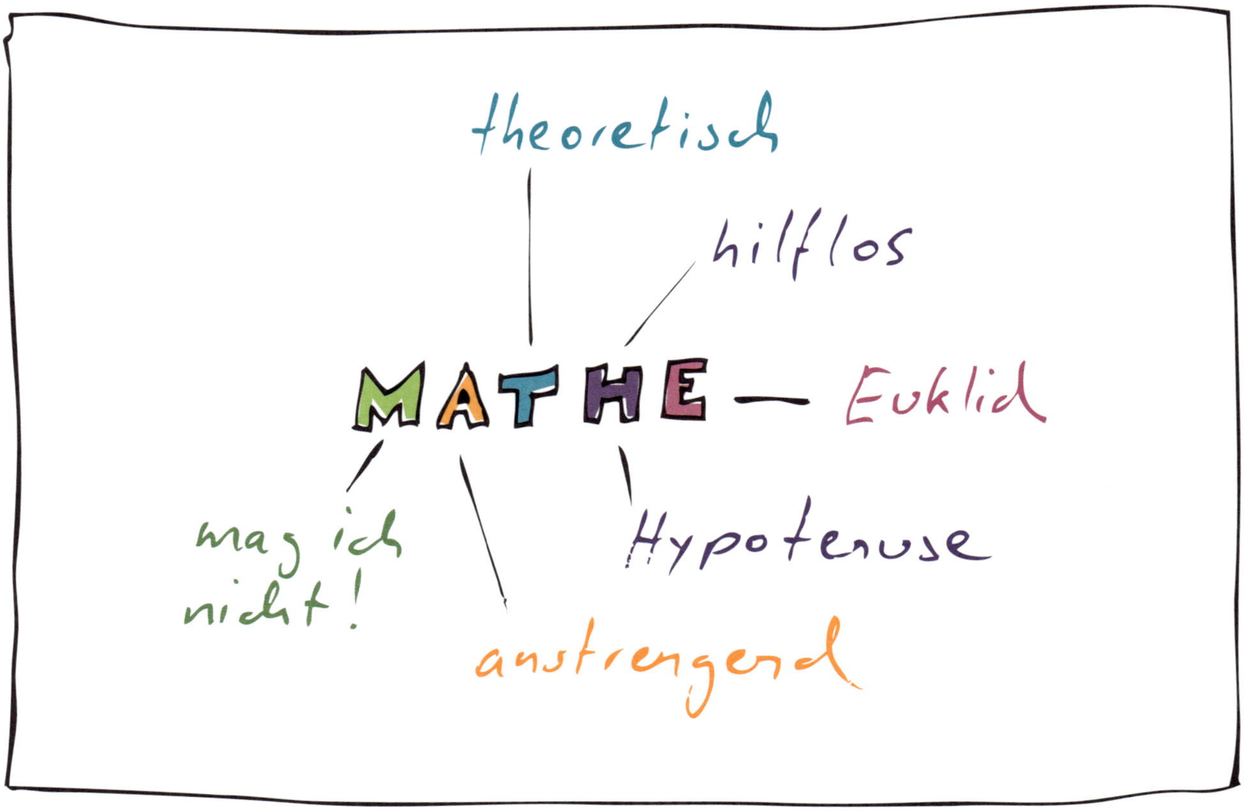

Innere Organisation des Wissens

In Kapitel 1 haben Sie erfahren, dass unser Gedächtnis seinen Inhalt, also unser Wissen, nicht einfach beliebig anordnet, sondern organisiert. Die Art der Wissensorganisation ist abhängig von unserer Erfahrung und davon, wie wir ordnen und einordnen:

Die Art des ‚äußerlichen' Umgangs mit Wissen und Wissensbeständen wirkt sich auf die innere Organisation des Wissens aus.

Und umgekehrt:

Die innere Organisation des Wissens hat Auswirkungen auf unsere Möglichkeiten, mit Wissensbeständen umzugehen.

Da unser Wissen durch Begriffe repräsentiert ist, befassen wir uns nun mit der **Bildung und Erarbeitung begrifflicher Strukturen.** Die vorhin beschriebene Annäherungsmethode mit KaWas© dient dazu, unsere schon vorhandenen begrifflichen Strukturen möglichst gut zu aktivieren.

Was ist ein ‚Begriff'?

Die Basisbestandteile unseres Wissens sind die Begriffe. Sie stehen miteinander in einer netzwerkartigen Verbindung. Was aber ist ein ‚Begriff'? Ein **Begriff** als Inhalt unseres Gedächtnisses steht für etwas Reales in der Welt, also ein **Objekt** (z. B. Vogel), einen **Vorgang** (z. B. fliegen), einen **Zustand** (z. B. müde) oder eine **Eigenschaft** (z. B. gelb). So ist der Begriff ‚Ball' z. B. der ‚innere Stellvertreter' für solche Objekte, die wir mit ‚Ball' bezeichnen. Alle Bälle sind mehr oder minder rund. Sie bestehen aus einem bestimmten Material (meist Leder oder Kunststoff) und haben eine Größe (klein, groß, …), eine Form (rund) und eine Farbe (grau, blau, …). Wenn wir ‚Ball' hören, haben wir normalerweise auch eine Vorstellung davon, wofür ein Ball verwendet werden kann, was man also damit tut. Ein Ball ist für die meisten von uns ein Spielgerät. Uns ist klar, dass es andere Gegenstände gibt, z. B. eine Schaukel oder ein Springseil, die eine ähnliche Funktion haben wie ein Ball, nämlich als Spielgerät verwendet werden können. ‚Spielgerät' ist also eine Bezeichnung, mit der sehr unterschiedliche Gegenstände zu einer Gruppe zusammengefasst werden. Für fast alle konkreten Objekte gibt es solche Gruppen. Betrachten wir dies einmal genauer:

Geräte:
Spielgeräte: Ball, Schaukel, Springseil, Puppe
Haushaltsgeräte: Topf, Pfanne, Mixer, Kochlöffel

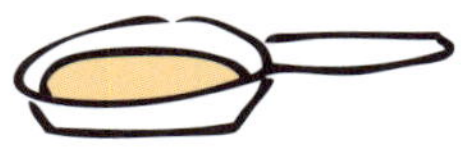

Ober- und Unterbegriffe

In der Gruppe ‚Geräte' gibt es z. B. Spielgeräte und Haushaltsgeräte. Wichtig ist, dass Sie erkennen, dass ‚Spielgeräte' die stellvertretende Bezeichnung für eine Menge von konkreten Gegenständen ist, die man zum Spielen benutzen kann. Wir ordnen also Objekte in Ober- und Unterkategorien ein. Beziehen wir das auf die Begriffe, die in unserem Gedächtnis stellvertretend für die jeweiligen Objekte stehen, so sprechen wir von Ober- und Unterbegriffen. Oberbegriffe schließen alle Unterbegriffe ein.

Durch die Ordnung von Begriffen geben wir den Dingen der Welt eine gedankliche Ordnung. Wir können mit den Dingen der Welt umso besser umgehen, je besser sie in unserem Kopf geordnet sind. Wenn wir die Welt ordnen wollen, müssen wir unsere Begriffe ordnen, mit denen wir unsere Welt abbilden.

Die Funktion eines Begriffs kann sich ändern. Nehmen wir ,Ball' als Bezeichnung für verschiedene Arten von Bällen, dann ist ,Ball' der Oberbegriff für die Unterbegriffe Fußbälle, Tennisbälle, Volleybälle. Die folgende Übung verdeutlicht Ihnen das *Prinzip.*

Übung **Begriffe ordnen**

Sie sollen nun Unterbegriffe drei verschiedenen Oberbegriffen zuordnen. Schreiben Sie dazu die folgenden 18 Unterbegriffe auf kleine Zettel.

Amsel, Assel, Bachforelle, Biene, Blauwal, Dackel, Jakobsmuschel, Kegelschnecke, Krake, Krebs, Milbe, Rind, Schaf, Seeohr, Skorpion, Tausendfüßer, Tintenfisch, Weinbergschnecke

Die Oberbegriffe lauten: Wirbeltiere, Weichtiere, Gliederfüßler.
Schreiben Sie diese oben nebeneinander auf ein DIN-A4-Blatt, lassen Sie darüber noch etwa 5 cm frei.

Dann ordnen Sie die Unterbegriffe den Oberbegriffen zu, indem Sie die kleinen Zettel auf das DIN-A4-Blatt unter den entsprechenden Oberbegriff legen. Nehmen Sie sich für diese Übung etwa 5–10 Minuten Zeit. Es ist nicht schlimm, wenn Sie sich bei der Zuordnung vertun oder nicht sicher sind: Die Zuordnung, die Sie vornehmen, entspricht ja Ihrem Verständnis für diese Begriffe. Wenn Sie im Laufe dieser Übung die Zuordnungen ändern, ändern Sie gleichzeitig die Ordnung in Ihrem gedanklichen Begriffssystem, also ihre innere Repräsentation der Ordnung der Welt. Diese wird durch die Zuordnung der Begriffe sichtbar.

Wissen strukturieren mit Mind-Maps

Wenn Sie mit der Übung fertig sind, versuchen Sie nun, für die drei Oberbegriffe aus der Übung einen gemeinsamen Oberbegriff zu finden. Wenn Sie den einen passenden Oberbegriff (bitte nur **ein** Wort!) gefunden haben, der die drei Oberbegriffe zu einer Gesamtkategorie zusammenfasst, schreiben Sie diesen bitte oben in den freien Platz des DIN-A4-Blatts. Sie haben dann eine Ordnung der Begriffe in drei Ebenen: (a) Unterbegriffe, (b) Oberbegriffe und (c) einen Gesamtbegriff, unter dem alle Begriffe zusammengefasst werden können.

Mind-Maps stellen Begriffsordnungen hierarchisch dar

Gesamtbegriff:		
Oberbegriff:	**Oberbegriff:**	**Oberbegriff:**
Unterbegriff:	**Unterbegriff:**	**Unterbegriff:**
Unterbegriff:	**Unterbegriff:**	**Unterbegriff:**
Unterbegriff:	**Unterbegriff:**	**Unterbegriff:**

Nun sollen Sie die gerade erstellte Begriffshierarchie in einer Mind-Map darstellen. Sie wissen ja bereits, dass wir unser Wissen hierarchisch organisieren bzw. strukturieren. Diese Struktur sollen Sie nun mit einer Mind-Map sichtbar machen.

Eine Mind-Map stellt Begriffe bzw. deren Ordnung bildhaft dar.

Anleitung für eine Mind-Map

1. Nehmen Sie ein DIN-A4-Blatt und legen Sie es quer vor sich hin.	*1	

*1 Mind-Maps tendieren dazu, in die Breite zu gehen. Deshalb soll das Blatt quer gelegt werden. Vermeiden Sie, das Blatt während der Erstellung zu drehen, weil dann die Ausrichtung leicht durcheinander gerät.

2. In die Mitte des Blattes malen Sie ein Oval. Schreiben Sie in Großbuchstaben in das Oval den Begriff, der die Gesamtkategorie bezeichnet. Verschwenden Sie möglichst wenig Platz.	*2	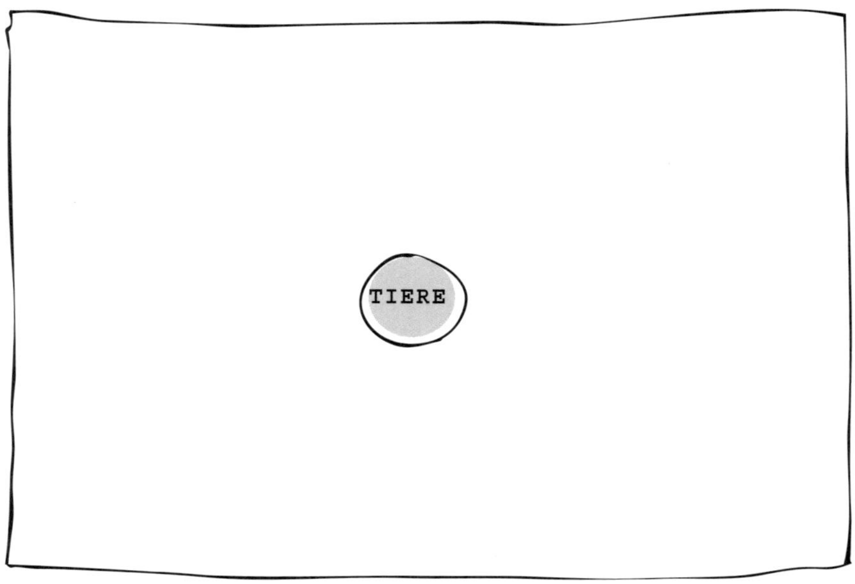

*2 Die Verwendung von Großbuchstaben soll verdeutlichen, dass es sich um das OBERTHEMA der Mind-Map handelt. Auch die HAUPTÄSTE werden in Großbuchstaben beschrieben. Es sind OBERBEGRIFFE und gleichzeitig SCHLÜSSELWÖRTER für die abgehenden weiteren Äste bzw. Verzweigungen.

3. Beginnen Sie nun mit dem ersten HAUPTAST der Mind-Map. Wählen Sie einen der drei Oberbegriffe zur Bezeichnung des HAUPTASTES aus. Schreiben Sie auch diesen Begriff in Großbuchstaben.	*3	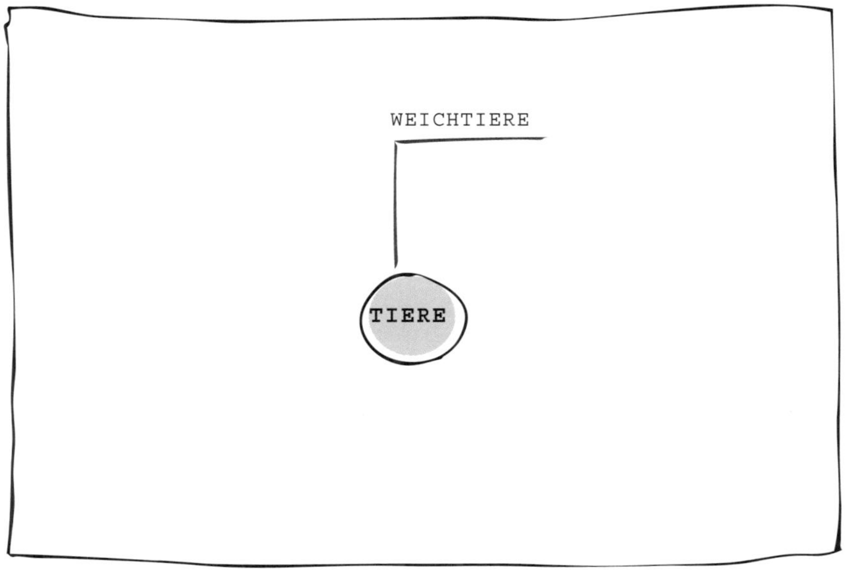

*3 Es ist egal, welchen HAUPTAST Sie wohin machen, ob rechts oder links, oben oder unten. Wir empfehlen maximal vier HAUPTÄSTE. Mehr HAUPTÄSTE führen oft zur Unübersichtlichkeit, und das ist genau das Gegenteil von dem, was erreicht werden soll. Drosseln Sie deshalb auch die ‚Kreativität' beim Zeichnen der Äste, aber markieren Sie die Äste ruhig durch ein kleines Bild oder Logo. Das könnten hier Bilder eines ‚typischen' Weichtiers oder Wirbeltiers sein.

4 . Fügen Sie nun die beiden weiteren HAUPTÄSTE hinzu. Einen davon können Sie noch nach rechts abgehen lassen, den anderen nach links. Bitte achten Sie auf die Schreibweise in Großbuchstaben.

*4

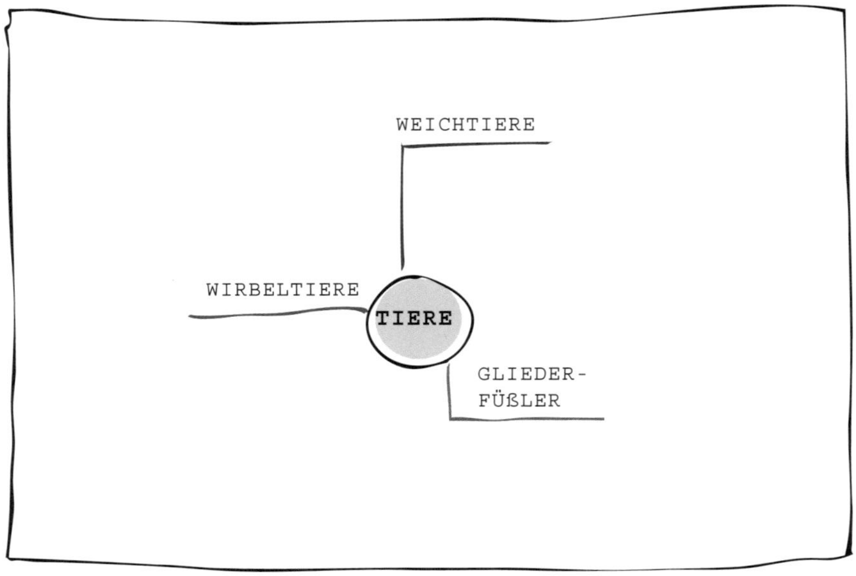

*4 In unserem Beispiel ist die Reihenfolge der ÄSTE egal, aber wenn es eine Reihenfolge gibt (z. B. MORGEN, VORMITTAG, NACHMITTAG, ABEND), geht man im Uhrzeigersinn von rechts oben – rechts unten – links unten – links oben vor.

5 . Fügen Sie nun an den ersten HAUPTAST die Unteräste an. Diese werden mit den Unterbegriffen benannt. Die Beschriftung ist jetzt nicht mehr in Großbuchstaben.

*5

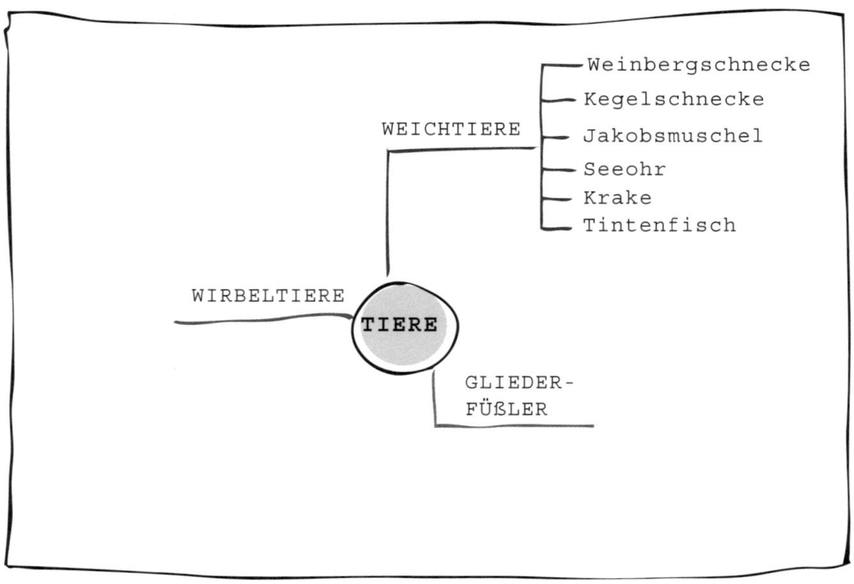

*5 Berücksichtigen Sie bereits bei der Erstellung der HAUPTÄSTE, wie viel Platz für die Nebenäste benötigt wird. Das erfordert etwas Übung.

6 . Fügen Sie entsprechend die Unteräste für die beiden anderen HAUPTÄSTE mit den zugeordneten Unterbegriffen an. *6

7 . Bitte versehen Sie nun auch die HAUPT- und die Nebenäste mit Farben. Innerhalb eines Astes bleibt die Farbe stets gleich. *7

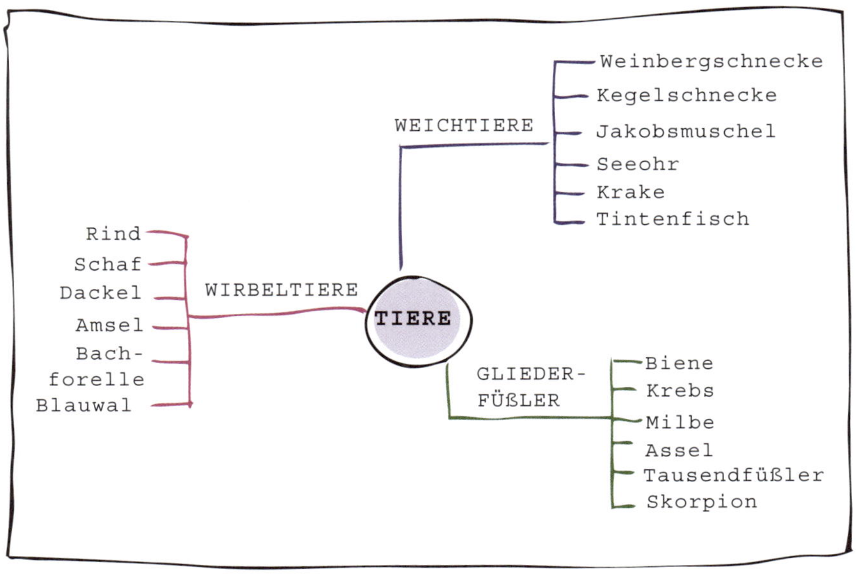

*6 Vermutlich ist es auf dem Blatt nun etwas eng geworden. Bei langen Wörtern auf den HAUPTÄSTEN und Nebenästen hilft es, diese zu trennen und damit den Platzbedarf in Längsrichtung geringer zu machen.

*7 Farben dienen dazu, die verschiedenen Teilbereiche noch besser voneinander abzugrenzen. Deshalb wird die für einen HAUPTAST gewählte Farbe für alle von diesem HAUPTAST ausgehenden Nebenäste beibehalten. So wird die kategoriale Zusammengehörigkeit zusätzlich betont.

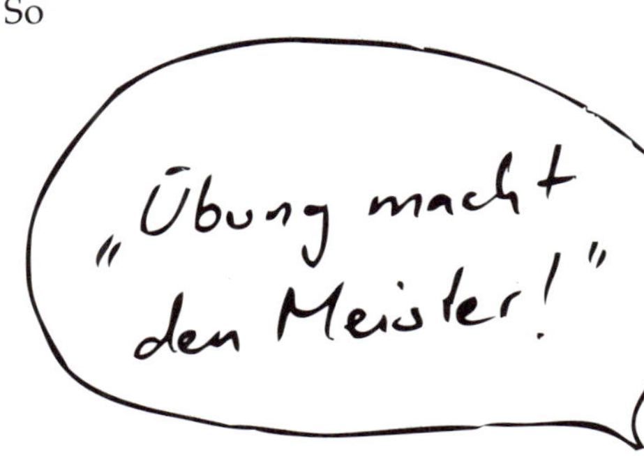

Bitte vergleichen Sie nun die drei Varianten von Begriffslisten, von denen Sie zwei selbst erstellt haben: (1.) die Liste der Begriffe und Oberbegriffe in der Übung „Begriffe ordnen", (2.) die den drei vorgegebenen Oberbegriffen zugeordnete Liste der Unterbegriffe, die Sie zusätzlich mit einem gemeinsamen Oberbegriff versehen haben, und (3.) die Mind-Map, welche die Begriffe und deren Ordnung visuell strukturiert.

Eine Mind-Map kann einen komplexen Sachverhalt sehr kompakt und übersichtlich ordnen.

Fällt Ihnen auf, dass die Mind-Map durch die visuelle Strukturierung am leichtesten zu behalten ist? Ob Sie die einzelnen Tiere sachlich richtig eingeordnet haben, können Sie an der Mind-Map in Schritt 6 der Übung ablesen.

Schauen Sie sich nun bitte noch einmal die Mind-Map auf S. 35 an. Bei dieser Mind-Map finden Sie keine Hierarchie von Begriffen, sondern eine Visualisierung der unterschiedlichen Ansichten von Helfern und Empfängern.

Eine Mind-Map kann Ordnungen sehr unterschiedlicher Themengebiete darstellen.

Ein-Wort-Prinzip

Grundsätzlich hat eine Mind-Map ein Zentrum und davon ausgehende Verzweigungen, die an Baumäste erinnern. Wichtig ist, dass eine Mind-Map auf jedem Ast nur **ein Wort** und keine Sätze enthält, da es zunächst um eine reine Ordnung der Begriffe geht. Das fällt den meisten Anfängern recht schwer, sollte aber besonders am Anfang strikt so geübt werden. Besonders schwer ist das **Ein-Wort-Prinzip** bei weiteren Verzweigungsebenen einzuhalten

Übung **Mind-Map zum Thema „Kindergeburtstag"**

1. Nehmen Sie ein Blatt quer und schreiben Sie das THEMA (GEBURTSTAG) in ein Oval in die Mitte. Eventuell schreiben Sie auch den Namen Ihres Kindes hinein (LISAS GEBURTSTAG).
2. Überlegen Sie, was für den Geburtstag geplant werden muss. Im ersten Schritt geht es um die Ordnung der Bereiche, die organisiert werden müssen. Diese Bereiche kommen als SCHLÜSSELWÖRTER auf die HAUPTÄSTE. Das können sein: GÄSTE (Wer soll eingeladen werden?), PROGRAMM (Spiele, Musik; wann und in welcher Reihenfolge?), VERPFLEGUNG (Essen und Trinken) und GESCHENKE (Was würde sich Ihr Kind von den Gästen als Geschenk wünschen? Die Liste hilft Ihnen und Ihrem Kind, auf die Frage nach den Wünschen zu antworten). Zeichnen Sie jeden HAUPTAST ein, beachten Sie dabei, dass noch genug Platz für die Nebenäste übrig bleiben muss.
3. Beginnen Sie jetzt für jeden HAUPTAST (GÄSTE, PROGRAMM, VERPFLEGUNG, GESCHENKE) die notwendige Untergliederung:
   Bei GÄSTE kommen auf die Nebenäste die Namen der einzuladenden Kinder. Zusätzlich können auf Nebenäste die Telefonnummern der Kinder oder der Eltern geschrieben werden. Dann kann z. B. abgehakt werden, wenn ein Kind die Einladung per Telefon erhalten hat. PROGRAMM bezieht sich auf alles, was zur Unterhaltung dienen soll: Zauberer, Clown, Gesellschaftsspiele, Brettspiele („Mensch ärgere Dich nicht", Memory, etc.).
   Bei VERPFLEGUNG sollte es zwei Nebenäste geben, nämlich Essen und Getränke, die dann wieder weiter aufgegliedert werden. GESCHENKE enthält solche Dinge, die auf Befragen als Wunsch genannt werden können.

* **Tipp:** *Wenn Sie GÄSTE und GESCHENKE z. B. auf die rechte Seite der Mind-Map zeichnen, können Sie sogar einen Bogen von einem Geschenk zu dem Kind ziehen, dem dieser Wunsch genannt wurde. Dann kommen Sie und Ihr Kind nicht durcheinander.*

Bevor mit der Erstellung der Mind-Map begonnen wird, beachten Sie bitte die Regeln aus der ersten Übung zum Erstellen einer Mind-Map, ganz besonders das Ein-Wort-Prinzip! Und damit auch wirklich geübt wird, schauen Sie sich unseren Lösungsvorschlag auf Seite 112 erst nachher an.

Mind-Maps kann man in allen Bereichen nutzen, ohne Einschränkung, also auch für Fächer wie Mathe.

Mind-Maps können sehr verschiedene Bereiche durch visuelle Darstellung ordnen und besser verfügbar machen. Wichtig war ja, dass man in einem bestimmten Bereich eine Ordnung des eigenen Wissens herstellt. Die Abbildung zeigt eine Mind-Map für die Besonderheiten und Eigenschaften von Dreiecken.

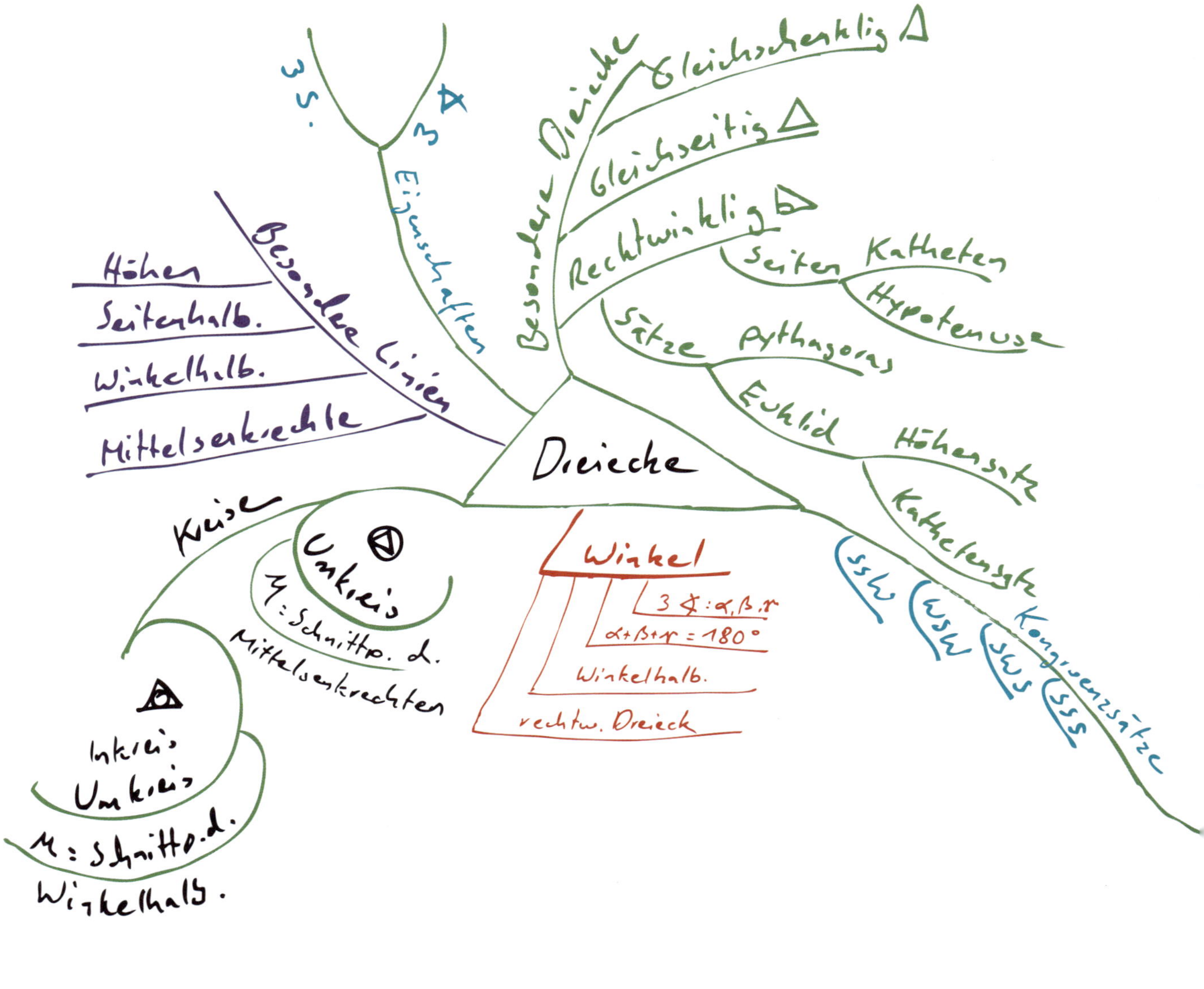

Abbildung entnommen bei http://www.math-edu.de/Mind_Mapping/MM-Dreieck1.htm.

Auffällig ist die andere Struktur. Natürlich ist das nicht falsch; andere Strukturen als die von uns vorgeschlagenen sind möglich.

Anfänger sollten Mind-Maps an einfachen und klaren Strukturen üben, die größeres Gewicht auf den Inhalt legen. Die Ordnung der Begriffe als Ausdruck für die Ordnung der damit bezeichneten Teile der Welt soll der wichtigste Aspekt einer Mind-Map sein.

Zur Erinnerung an die Ausführungen in Kapitel 1:

- Die Visualisierung von Themen ist eine allgemeine **Strategie**!
- Die Ordnung von Themenbereichen mittels Mind-Map ist eine **Methode**!
- Die konkrete Ausführung ist eine **Technik**!

Beherrschung der Technik

* **Tipp:** *Das Erstellen von Mind-Maps sollte häufig geübt werden, damit Sie, Helfer und Lerner, die Technik gut beherrschen. Beherrschen Sie die Technik nicht, misslingt das Produkt, die Mind-Map. Sie bleibt dann ungeordnet und unterstützt die geistige Ordnung unseres Wissens kaum.*

Kurz zusammengefasst

Was Sie für KaWas© beachten müssen:

- Der Begriff wird in die Mitte des Blattes geschrieben.
- Zu jedem Buchstaben wird passend zum Begriff nach Assoziationen gesucht.
- Doppelte Buchstaben brauchen nur einmal benutzt werden.
- KaWas© sollten nicht für sich stehen, sondern die Assoziationen sollten helfen, um zum Thema ein Konzept zu erarbeiten.
- KaWas© können auch bei Blockaden verwendet werden.
- KaWas© helfen dem Lerner auch, sich über seine Probleme und Gefühle klar zu werden (siehe Kap. 2, S. 50)

Regeln zur Erstellung von Mind-Maps:

1. Nehmen Sie ein DIN-A4-Blatt und legen Sie es quer vor sich hin.
2. In die Mitte des Blattes malen Sie ein Oval. Schreiben Sie in Großbuchstaben in das Oval den Begriff, der die Gesamtkategorie bezeichnet. Verschwenden Sie möglichst wenig Platz.
3. Beginnen Sie nun mit dem ersten Hauptast der Mind-Map. Wählen Sie einen Oberbegriff zur Bezeichnung des Hauptastes aus. Schreiben Sie auch diesen Begriff in Großbuchstaben.
4. Fügen Sie weitere Hauptäste hinzu, die Sie nach rechts und links vom Oval abgehen lassen können. Oberbegriffe werden immer GROSS geschrieben.
5. Fügen Sie nun an den ersten Hauptast die Unteräste an. Diese werden mit den Unterbegriffen benannt. Die Beschriftung ist jetzt nicht mehr in Großbuchstaben.
6. Fügen Sie entsprechend die Unteräste für die anderen Hauptäste mit den zugeordneten Unterbegriffen an.
7. Bitte versehen Sie nun auch die Haupt- und die Nebenäste mit Farben. Innerhalb eines Astes bleibt die Farbe stets gleich.

Lernmethoden für drei Arten des schulischen Lernens

Lernmethoden

schulisches Lernen

Oft richtet sich die Lerntätigkeit von Schülern auf den Umgang mit Texten als Wissensbasis für schulisches Wissen. Für schulisches Lernen ist es deshalb besonders wichtig,

1. das in Texten enthaltene Sachwissen erarbeiten zu können bzw. den Sinngehalt von Texten zu erfassen.
2. diese Wissensbestandteile geordnet in das eigene Wissen einzufügen, also den Text aktiv zu verstehen.
3. das so gewonnene Wissen als Grundlage für die Erstellung eigener Texte nutzen zu können. Das bedeutet, eine Sachdarstellung für ein Wissensgebiet verfassen zu können, z. B. in einem Aufsatz.

Die Entnahme von Wissen aus Texten – Lesen

Lesen

Wissen aus Texten zu entnehmen bedeutet ‚lesen'. Vielleicht wundern Sie sich, dass so etwas ‚Einfaches' wie Lesen hier als eine Methode aufgeführt wird. Wie sollte man eigentlich lesen? Wenn Ihre Antwort lautet „langsam und gründlich!", dann teilen Sie diese Ansicht mit vielen anderen Menschen. Langsames und gründliches Lesen scheint ja tatsächlich eine gute Voraussetzung für das Verstehen eines Textes zu sein.

Testen Sie bei der nächsten Übung Ihr Leseverhalten!

Für die Übung werden benötigt: Papier, ein Stift, eine Stoppuhr (im Handy) oder eine Uhr mit Sekundenzeiger.

Bitte lesen Sie den folgenden Text so, wie Sie sonst auch immer lesen. Stoppen Sie dabei bitte auch die Zeit, die Sie benötigen, und schreiben Sie diese auf. Wenn Sie den Text gelesen haben, decken Sie ihn ab. Anschließend beantworten Sie bitte die Fragen.

Übung „Lesen 1“
Der Pandabär

Der in China heimische Pandabär gehört zu den am meisten bedrohten Tierarten der Welt und ist durch seine Bedrohung zum Symbol für Artenschutz geworden. Er ist auch bekannt unter dem Namen Großer Panda. Der Pandabär gehört zur Familie der Bären und ist ein Säugetier. Er wird zwischen 120 und 150 Zentimeter groß. Sein auffälligstes Merkmal ist seine schwarz-weiße Fellfärbung. Die Grundfarbe ist weiß. Beine und Rücken ebenso wie Ohren und Augen sind schwarz. Sein Fell ist dicht und wollig. Vermutlich dient die auffällige Färbung zur Tarnung und Abschreckung von Feinden.

Ein weiteres Merkmal des Pandas ist der verlängerte Handwurzelknochen der Vorderpfoten. Durch diesen „Daumen“ kann der Panda seine Nahrung besser greifen. Der Panda ist ein Pflanzenfresser. Deshalb ist sein Gebiss auch speziell für diese Nahrungszerkleinerung ausgerichtet. Sie haben, wie die meisten Bären, 42 Zähne. Ihre Backenzähne sind größer und breiter als bei anderen Bären und sind damit ihrem Hauptnahrungsmittel Bambus angepasst, von dem sie am Tag rund 10-20 Kilogramm fressen. Außerdem gehören Pflanzen wie Schwertlilien und Krokusse zu ihren Nahrungsmitteln sowie in geringer Menge Raupen und kleine Wirbeltiere.

Pandas leben zwar auf dem Boden, können aber gut klettern und schwimmen. Anders als andere Bären kann sich der Pandabär nicht auf die Hinterbeine stellen und aufrichten. Er frisst meist im Sitzen, so dass er mit den Vorderpfoten die Nahrung greifen kann. Pandas sind nachtaktive Tiere. Sie schlafen am Tag in hohlen Baumstämmen oder Höhlen. In den Bambusdickichten legt der Panda Wege an, die seinen Futterplatz mit seinem Schlafplatz verbinden.

Bitte notieren Sie jetzt die Lesezeit und decken Sie den Text mit einem Blatt ab. Beantworten Sie dann bitte nach einem kurzen Verschnaufen die nachfolgenden Fragen. Diese Fragen beziehen sich ausschließlich auf den Inhalt des gelesenen Textes und nicht auf eine Bewertung des Textes.

Fragen

1. Wie groß sind Pandabären?
2. Welche Teile ihres Fells sind schwarz?
3. Was kann als „Daumen" des Pandas bezeichnet werden?
4. Wie viel Bambus frisst ein Pandabär am Tag?
5. Wo schlafen Pandabären tagsüber?

Werten Sie nun bitte diesen kleinen Test aus, indem Sie (a) Ihre Antworten überprüfen und (b) das Ergebnis in das folgende Schema eintragen. Die Antworten können Sie überprüfen, indem Sie in der Auflösung auf Seite 113 nachsehen.

Lesezeit in Minuten:

Leseleistung

Gelesene Wörter pro Minute = 250 : Lesezeit (Minuten) = 250 : _________ = _________ Wörter / Minute

Richtige Antworten:

Die Leistung, die Sie bei dem Text erzielt haben, hängt von mehreren Dingen ab. Ganz wichtig ist, wie gut Sie die einzelnen Sinngehalte des Textes beim Lesen miteinander verbinden können. Das ist abhängig davon, wie geübt Sie darin sind und wie viel Sie bereits vom Thema des Textes wissen. Außerdem werden Sie dann, wenn Ihnen etwas unklar war, die Textstelle erneut gelesen haben.

effizienteres lesen

Anhand einer weiteren Übung möchten wir Ihnen zeigen, wie Sie einen Text effizienter lesen. Dazu möchten wir Sie bitten, bei der folgenden Leseübung nicht in den Zeilen zurückzuspringen und den Text möglichst schnell zu lesen. Das mag Sie jetzt irritieren, denn normalerweise geht man davon aus, dass man beim möglichst schnellen Lesen einen Text nicht besonders gut versteht.

Probieren Sie es aus!

Lesen Sie den folgenden Text so schnell wie möglich. Achten Sie darauf, dass Sie in den Zeilen nicht zurückspringen, also keine Textstelle zweimal lesen. Das geht am einfachsten, wenn Sie mit dem Finger unter der jeweiligen Zeile das Tempo bestimmen und den Finger kontinuierlich weiterführen. Bitte starten Sie jetzt die Stoppuhr und beginnen Sie mit dem Lesen.

Übung „Lesen 2"
Der Pandabär (Teil 2)

Pandas sind Einzelgänger. Die Männchen bewohnen ein Revier von rund 4 bis 6 Quadratkilometern und die Weibchen ein Kerngebiet von 0,4 bis 0,6 Quadratkilometern, das sie gegen andere Weibchen verteidigen. Die Reviere der Männchen überlappen sich zwar mit denen anderer Männchen, aber sie gehen sich gegenseitig aus dem Weg. Durch Urin sowie durch Kratzen und Reiben an Bäumen markieren sie ihre Wanderroute in ihrem Revier.

Der Lebensraum des Pandas ist das suptropische Klima, in dem es generell feucht und niederschlagsreich ist. Aufgrund dieses Klimas, in dem der Panda immer genügend zu Fressen findet, macht er, ganz im Gegensatz zu anderen Bärenarten, keinen Winterschlaf. Der Panda lebt in China in Wäldern und auf Berghängen. Dort lebt er im Sommer in Höhen von 2700 bis 4000 Metern. Im Winter wandert er in tiefergelegene Gebiete, die 800 Meter hoch sind. Das gesamte Verbreitungsgebiet des Pandas umfasst rund 5900 Quadratkilometer. In diesem Gebiet leben nur noch rund 2500 bis 3000 Tiere.

Im März bis Mai ist die Paarungszeit des Pandas. In diesen Monaten finden sich die einzelgängerischen Tiere zu Paaren zusammen. Dabei kommt es bei den Männchen manchmal zu Kämpfen um die Weibchen. Circa drei Monate nach der Befruchtung werden die 1-3 weißfelligen Pandababys im August oder September geboren. Die neugeborenen Pandabären sind winzig. Sie wiegen ungefähr 90 bis 130 Gramm. Bei einer Mehrlingsgeburt entscheidet sich die Mutter für ein Neugeborenes und verstößt die anderen. Bereits im Alter von einem Monat haben die Jungtiere die typische schwarz-weiße Fellzeichnung. Mit 40 bis 60 Tagen öffnen die Kleinen erstmals ihre Augen und mit ungefähr einem halben Jahr nehmen sie feste Nahrung auf. Sie bleiben rund eineinhalb Jahre beim Muttertier und verlassen es erst dann. Die Geschlechtsreife tritt üblicherweise mit fünf bis sieben Jahren ein.

Bitte notieren Sie jetzt die Lesezeit und decken Sie den Text mit einem Blatt ab. Beantworten Sie dann bitte nach einem kurzen Verschnaufen die nachfolgenden Fragen.

Fragen

1. Wie groß ist das Kerngebiet, das von weiblichen Pandas bewohnt wird?
2. In welchen Höhen lebt der Pandabär im Sommer?
3. In welchen Monaten werden die Pandababys geboren?
4. Wie schwer sind Pandababys nach der Geburt?
5. Wie lange bleiben die Jungtiere bei ihrer Mutter?

Werten Sie nun bitte diesen kleinen Test aus, indem Sie (a) Ihre Antworten überprüfen und (b) das Ergebnis in das folgende Schema eintragen. Die Antworten können Sie überprüfen, indem Sie in der Auflösung auf Seite 113 nachsehen.

Lesezeit in Minuten:

Gelesene Wörter pro Minute = 290 : Lesezeit (Minuten) = 290 : _________ = ________ Wörter/Minute

Richtige Antworten:

Bitte vergleichen Sie nun die Ergebnisse der beiden Lesetests. Sicher sind Sie gespannt, wie viel schlechter Sie den zweiten Text nach dem doch eher flüchtigen Lesen verstanden haben. Bitte tragen Sie zum Vergleich in die Tabelle die Ergebnisse der beiden Lesetests ein.

	Text 1	Text 2	Differenz
Lesezeit (Minuten):			
Wörter pro Minute:			
Richtige Antworten:			

Wir wissen nicht, wie Sie tatsächlich abgeschnitten haben. Wenn Sie die Instruktion zum schnellen Lesen des zweiten Textes befolgt haben, müssen Sie mehr „Wörter pro Minute“ gelesen haben als beim ersten Text. Kaum weiter erstaunlich. Entscheidend ist vielmehr, ob Sie bei der Beantwortung der Fragen zum Text deutlich schlechter abgeschnitten haben, so viel schlechter, dass der Vorteil in der Geschwindigkeit kaum zählt.

Vermutlich ist aber genau das nicht der Fall. Es könnte gut sein, dass Sie die Fragen in etwa gleich gut beantworten konnten. Für einen schnellen Überblick reicht es auch aus, wenn Sie ein oder zwei richtige Antworten weniger gegeben haben als beim ersten Text..

Schnelles Lesen verschafft einen ersten Überblick und es werden meist genauso viele Informationen behalten wie beim langsamen Lesen.

sinnentnehmendes Lesen

Was aber bedeutet Ihr Ergebnis für das sogenannte sinnentnehmende Lesen von Texten und für die Frage, wie man einen Text lesen sollte, um den Inhalt tiefer verarbeiten zu können? Bei dem zweiten Text haben wir Sie veranlasst, möglichst schnell zu lesen und dies als eine gute Herangehensweise an das Lesen bezeichnet. Wenn Sie jetzt argumentieren, dass Sie zwar durchaus Teile des Textes erinnern konnten, dies aber wohl kaum bereits ein vertieftes Verständnis darstellt, haben Sie recht. **Vertieftes Verständnis** für den Sachinhalt eines Textes lässt sich so kaum erwerben – schon gar nicht, wenn es sich um ein relativ neues Thema für Sie handelt, zu dem Sie keine Vorkenntnisse haben. Allerdings können Sie so recht schnell einen Überblick darüber gewinnen, was der Text enthält und wie er gegliedert werden könnte. Dies nutzen wir für die im nächsten Abschnitt beschriebene Lesemethode, in der das effiziente Lesen mit der Erstellung einer Mind-Map kombiniert wird.

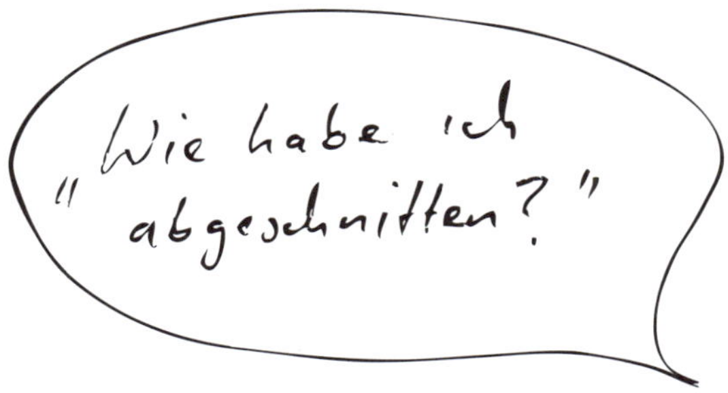

Vertiefendes Bearbeiten
– Texte verstehen

4 Arbeitsschritte für ein vertiefendes Verständnis

grober Überblick

Schritt 1: Lesen Sie den Text möglichst schnell, ohne in den Absätzen oder Zeilen zurückzuspringen. Es geht nämlich für das erste Herangehen an einen Text darum, sich zunächst einen **groben Überblick** darüber zu verschaffen, worum es sich in dem Text überhaupt handelt und worauf man später achten will. (Siehe vorheriges Kapitel.)

Schritt 2: Genauere Analyse des Textes. Dabei soll das bereits vorhandene Wissen zum Thema aktiviert und geordnet werden, um den nächsten Leseschritt vorzubereiten. Wie macht man das? Es gibt zwei Möglichkeiten (wir empfehlen, **beide** zu nutzen):

aktiv an den Text herangehen

a) Solche Fragen zum Text stellen, auf die man sich vom Text eine Antwort wünscht. Diese Fragen werden nicht sofort beantwortet, sondern zunächst geordnet. Sie bilden das Gerüst der zu erstellenden Mind-Map. Diese Art des Vorgehens ist besonders für Anfänger oder für ein neues Wissensgebiet deutlich schwieriger als die folgende Variante b.

b) Den Text in Sinnabschnitte gliedern. Die Bezeichnungen für die Sinnabschnitte sind die Bezeichnungen für die HAUPTÄSTE der zu erstellenden Mind-Map.

Aktiv an einen Text heranzugehen, ermöglicht ein besseres Verständnis und der Inhalt des Textes kann dann besser in das eigene Wissen integriert werden.

Schritt 3: Erst jetzt wenden wir uns wieder dem Text zu, lesen ihn allerdings nicht einfach von vorn bis hinten. Die Suche nach den Antworten auf die Fragen aus Schritt 2a oder die weitere Aufgliederung nach den HAUPTÄSTEN erfolgen jetzt.

a) Bezüglich der Fragen werden im Schritt 3 gezielt die gewünschten Antworten auf die an den Text gestellten Fragen gesucht. Das kann durchaus bedeuten, den Text ‚kreuz und quer' zu lesen. Unser erster Eindruck vom Text aus Schritt 1 hat bereits unsere Fragestellungen an den Text bei Schritt 2 beeinflusst, so dass der Schritt 3 des Lesens nicht ungeordnet verläuft. Es kann sich natürlich herausstellen, dass der Text gar keine Antworten auf unsere Fragen enthält. Aber das hätten wir wahrscheinlich bereits bei Schritt 1 (Überblick über den Text gewinnen) bemerkt. Zusätzlich wird im Schritt 3 eine Verbindung vom Lesen zum Bearbeiten und Verarbeiten des Textinhalts hergestellt. Diese Verbindung besteht darin, die Struktur des Textes und seinen Inhalt in einer Mind-Map zu visualisieren und damit zu ordnen.

Fragen an den Text

b) Für die an dem Text orientierten Sinnabschnitte geht es vor allem darum, den Sachinhalt des Textes in einer Mind-Map zu ordnen und zu strukturieren. Sie ist die Basis für eine weitere Verarbeitung wie z. B. die Wiedergabe in einem Referat.

Sinnabschnitte

Schritt 4: Nun wird das aus dem Text neu gewonnene Wissen überprüft: Wie gut wurde der Text verinnerlicht? Kann der Sachinhalt wiedergegeben werden, z. B. als kurzer Vortrag? Auch hier soll die Visualisierung aus Schritt 3 helfen.

Mind-Maps sorgen ebenso wie Landkarten für Ordnung und Orientierung.

Das Vorgehen bei der Analyse eines Textes lässt sich ideal vergleichen mit der Erkundung einer bisher unbekannten Landschaft, denn..

eine Mind-Map ist die bildhafte Wiedergabe der gedanklichen Ordnung der zentralen Begriffe eines Textes.

eine Landkarte ist die Ordnung der wichtigen Merkmale einer Landschaft.

Ordnung und Orientierung

Beschreibt man z. B. jemandem den Weg zu einem Ziel, so sollte die Beschreibung das Finden des Ziels ermöglichen. Beschreibt man mit einer Mind-Map den Weg zum Inhalt eines Textes, so sollte ein anderer mit diesem Weg den Inhalt des Textes erschließen können. Ist das der Fall, war die Beschreibung gut. Deswegen sollte man prüfen, ob die Mind-Map verständlich ist. Das kann man selbst tun, viel besser aber ist es, die Mind-Map einer anderen Person zu geben. Diese müsste dann mit Hilfe der Mind-Map Auskunft über die wesentlichen Bestandteile des jeweiligen Textes geben können.

Erproben Sie die neue Herangehensweise!

Übung 1 Lesetechnik üben und Erstellen einer Mind-Map

Kurzregeln für die Erstellung einer Mind-Map

1. Text möglichst schnell überfliegen.
2. A) Fragen zum Text stellen (Was möchtest du wissen?).
   B) Text in Sinnabschnitte gliedern. Die Bezeichner am besten an den Rand des Textes schreiben.
   Es ist sinnvoll, **beides** zu machen!
3. Mind-Map erstellen. Die Bezeichnungen für die Sinnabschnitte bilden die Bezeichnungen der HAUPTÄSTE. In diesem Schritt springt man zwischen Text und Mind-Map hin und her.
4. Inhalt nur mit Hilfe der Mind-Map wiedergeben, am besten als ein kurzer Vortrag oder kurzer Aufsatz.

„Der Löwe"

Der Löwe ist die zweitgrößte Katzenart nach dem Tiger. Er lebt im Unterschied zu anderen Katzen in Rudeln. Löwen haben kurzes, sandfarbenes oder gelbliches Fell. Sie sind ca. 1,20 Meter groß. Männliche Löwen haben eine Mähne.

Der bevorzugte Lebensraum des Löwen ist die Savanne. Er lebt hauptsächlich in Afrika, südlich der Sahara, nicht aber in dichten, feuchten Wäldern oder wasserlosen Wüsten.

Löwen sind Raubtiere. Sie jagen in Gruppen, meist bei Dunkelheit oder in den Morgenstunden. Zu ihren Beutetieren gehören vor allem Antilopen, Gnus und Zebras. Die erlegte Beute wird vom ganzen Rudel gemeinsam gefressen.

Löwen können 14 bis 20 Jahre alt werden. Im Zoo sind manche Löwen sogar 34 Jahre alt geworden. Weibliche Löwen leben in der Regel länger als Männchen. Diese sterben häufig bei Rivalitätskämpfen mit anderen Männchen.

Bisher haben wir bei solchen Aufgaben die Auflösung jeweils mitgeliefert. Nun gibt es hier aber nicht nur eine ‚richtige Lösung'. Die Mind-Map zum Thema ‚LÖWEN' gibt einfach das wieder, was jemand aus dem Text entnommen hat. Wichtig ist, dass man durch die Mind-Map seine eigenen Gedanken ordnet. Man kann sich dann auch leichter mit anderen über das eigene Wissen austauschen, denn die Gedankenordnung ist ja anhand der Mind-Map sichtbar. Man kann nun darüber sprechen, ob:

Mind-Maps ordnen die eigenen Gedanken!

- die Regeln zur Erstellung einer Mind-Map eingehalten worden sind,
- die Mind-Map-Darstellung von einem anderen verstanden wird,
- die Mind-Map-Darstellung und damit die eigene gedankliche Ordnung sachlich dem Textinhalt entspricht,
- etwas eingeflossen ist, das aus dem eigenen Kopf, aber nicht aus dem Text stammt.

Arbeitet man auf diese Weise mit der Mind-Map weiter, arbeitet man an seinen eigenen Gedanken. Das heißt, die Arbeit und Veränderungen an der äußerlich sichtbaren Gedankenstruktur, also der Mind-Map, wirken sich auf die innere Gedankenstruktur aus. Man ändert das eigene Wissen und Denken entsprechend der Arbeit an den sichtbaren Gedankenstrukturen.

Auswirkungen auf innere und äußere Gedankenstrukturen

Eine Mind-Map ist damit nie etwas Endgültiges, da sich bei der Erarbeitung eines Wissensgebietes immer wieder Änderungen der Wissensstruktur ergeben können.

Es ist also nicht schlimm, wenn eine Mind-Map nicht gleich ‚perfekt' ist. Wichtig ist, dass sie als Basis für die Weiterarbeit verwendet wird. Es wäre schlecht, wenn eine Mind-Map nicht mehr weiter zur Kenntnis genommen würde, nur weil sie noch nicht so gut gelungen scheint.

Übung 2 **Lesetechnik üben und Erstellen einer Mind-Map „Sawadis Tag"**

In Äthiopien geht die Sonne um sechs Uhr am Morgen auf. Sawadi wird von den Geräuschen der Kühe und Vögel geweckt. Sie steht auf und beginnt ihren Morgen mit Wasserholen, damit sie sich waschen kann. Anschließend betet sie ihr Morgengebet, fegt die Hütte, in der sie mit ihrer Familie wohnt, und macht dann in der Feuerstelle ein Feuer. Zum morgendlichen Frühstück, das hauptsächlich auf der Feuerstelle zubereitet wird, setzt sich Sawadi mit ihrer Familie zusammen. Sie essen Fladenbrot, Maisbrei und Hüttenkäse und trinken dazu Kaffee. Nach dem Frühstück macht sich Sawadi mit ihren Geschwistern und Nachbarskindern zu Fuß auf den Weg in die Schule in die kleine Stadt Kemese. Dieser Fußmarsch dauert zwei Stunden.

Kaum ist Sawadi am Vormittag in der Schule angekommen, beginnt auch schon der Unterricht. Sawadis Klasse ist sehr groß und wird in Mathematik, Englisch, Sachkunde und Sport unterrichtet. Außerdem erhalten die Schülerinnen und Schüler Unterricht in Oromo, ihrer Muttersprache. Die Kinder werden von nur einer Lehrerin unterrichtet. Für sie ist es nicht einfach und zumeist sehr anstrengend, die vielen Kinder auf einmal zu unterrichten. Sawadis Lehrerin ist sehr streng mit den Kindern, sie duldet kein Geplapper und keinen Lärm.

Am frühen Nachmittag erklingt die Schulglocke zum letzten Mal. Sawadi weiß nun, dass sie sich jetzt wieder auf den Weg nach Hause machen muss. Nach einem zweistündigen Marsch werden sie und ihre Geschwister nachmittags von der Mutter mit Essen empfangen. Nach dem Essen darf Sawadi sich 15 Minuten ausruhen, danach muss sie mit ihren Geschwistern auf der Kaffeeplantage ihres Vaters bei der Kaffeeernte helfen.

Am frühen Abend macht sich Sawadi auf den Rückweg von der Kaffeeernte und sammelt dabei noch Feuerholz für die Feuerstelle. Außerdem muss sie nochmals an der Wasserstelle vorbei, um später erneut Kaffee kochen zu können. Nachdem die Arbeit getan ist, haben die Kinder spätabends etwas Zeit, mit einem selbstgebastelten Ball zu spielen. Das macht Sawadi ziemlich viel Spaß und sie kann sich dabei von der schweren und langen Arbeit ein wenig erholen. Bevor Sawadi ins Bett geht, macht sie bei Kerzenlicht noch ihre Hausaufgaben. Mathematik macht sie am liebsten.

Fangen Sie einfach an! Ist ein Anfang geschafft, kann man darauf aufbauen und weiter üben. **Jeder Anfang** sollte positiv gesehen werden, nämlich als Gelegenheit, sich weiter zu verbessern. Erinnern Sie sich daran, dass man Übung braucht, um mit dem Werkzeug, hier der Mind-Map, umgehen zu können. Dann ist der Kopf frei für die Arbeit am Inhalt.

Sollte Ihr eigenes Produkt oder das eines Lernenden, dem Sie helfen, nicht gleich vollkommen sein, trösten Sie sich! Das kann auch noch gar nicht der Fall sein. Vom Azubi in der Küche erwartet man ja auch noch kein perfektes Menü, sondern dass er die Techniken des Kochens gründlich lernt. Seien Sie also nachsichtig, sowohl mit sich selbst als auch mit Ihrem Schützling. Wichtig ist, dass weiter geübt wird.

* **Tipp:** *Suchen Sie sich weitere Möglichkeiten zum Üben! Nehmen Sie dazu eigene Texte oder Texte zum aktuellen Schulstoff des Kindes.*

Hier einige Übungsvorschläge:

1. Eine Mind-Map „MEIN TAG“ erstellen und mit der Mind-Map zu „SAWADIS TAG“ vergleichen
2. Eine Mind-Map aus dem aktuellen Mathematikunterricht oder aus Biologie erstellen.

Wiedergabe von Wissen – Texte schreiben

Arbeit am eigenen Begriffssystem

Bisher haben wir Ihnen eine Methode vorgestellt, mit der Sie durch das Ordnen von Begriffen in einer Mind-Map das Wissen ordnen. Diese Aufbereitung bzw. Strukturierung des Wissens als Mind-Map stellt Ihre Wissensstruktur dar und erlaubt Ihnen die Arbeit an dieser Struktur, was auf **Ihre innere Gedankenstruktur** – und damit auf das eigene Wissen – **zurückwirkt**. Sie arbeiten also am eigenen Begriffssystem.

von der Mind-Map zum Text

Es ist nun eine Sache, eine Mind-Map zu erstellen, und eine andere Sache, z. B. einen Aufsatz über dieses Wissen zu schreiben oder ein Referat darüber zu halten. Beides sind Aufgaben im schulischen Alltag. Wir wollen Ihnen nun zeigen, wie man von einer Mind-Map systematisch wieder zum Text kommt. Schüler sollen normalerweise am Beginn einer Arbeit einen Entwurf anfertigen. Wir schlagen vor, diesen Entwurf als Mind-Map zu machen, manchmal werden Kinder sogar dazu aufgefordert. Dennoch kommt es immer wieder vor, dass das Produkt, also der Aufsatz, die Klausur oder Ähnliches, ungeordnet ist und Lücken aufweist. Dies ist besonders typisch für jüngere Schüler.

Ursache für einen ungeordneten oder lückenhaften Text:

Die Mind-Map war nicht optimal strukturiert und diente deshalb nicht als gute Vorstrukturierung der nachfolgenden Arbeit.

Dann muss sowohl die Technik als auch die Anwendung der Mind-Maps weiter trainiert und geübt werden.

Die Systematik der Mind-Map wurde bei der Verfassung der nachfolgenden Arbeit nicht genügend beachtet.

Schultests sind meist Stress-Situationen, und unter Druck passiert es leicht, dass man sich verwirren lässt oder ‚mal schnell' zusätzliche – aber nicht immer sinnvolle – Ideen einfügt, die in der Anspannung des Augenblicks sinnvoll erscheinen.

Für den letzteren Fall wollen wir Ihnen im Folgenden erläutern, wie man systematisch aus einer Mind-Map wieder einen Text macht.

Mind-Maps ‚rückwärts'

Erinnern Sie sich an den Vergleich zwischen einer Mind-Map und einer Landkarte? Im Vergleich zu einer Landkarte zeigt die Mind-Map eine auf die wesentlichen Begriffe reduzierte, geordnete ‚Gedankenkarte'.Diese Ordnung der Gedanken muss bei der Erstellung eines Textes zur Wiedergabe von Wissen erhalten bleiben. Auch darf möglichst keiner der geordnet vorliegenden Gedanken ausgelassen werden.

Textproduktion aus Mind-Maps

Bei einem Text muss die Ordnung der Gedanken erhalten bleiben.

Übung **Textproduktion aus der Mind-Map „Tiere"**

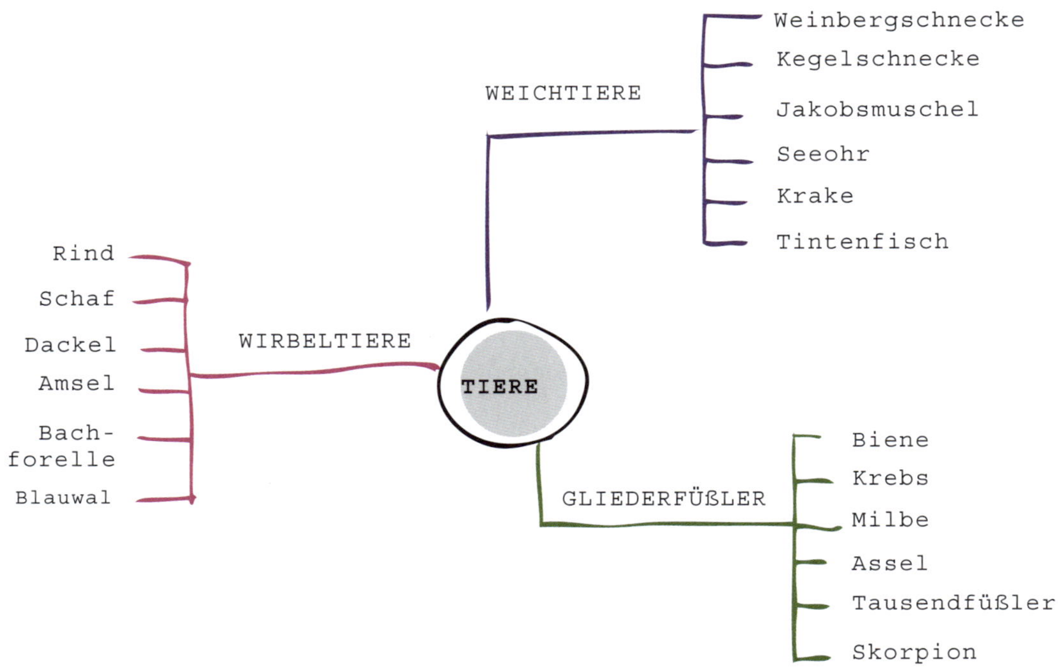

A) Man hat ein Thema durch eine Mind-Map geordnet. Nun beginnt man beim ZENTRALTHEMA und formuliert daraus das Titelthema und eine kurze Einleitung. Das Titelthema enthält das Wort des ZENTRALTHEMAS. Die Einleitung soll bereits einen Hinweis auf die HAUPTÄSTE und damit auf Untergliederungen geben.

Die Mind-Map zum Thema TIERE (S. 77) entstand nicht aus einem Text, sondern aus einer Wortliste und drei Oberbegriffen. Deshalb ist nun eigenständiges Formulieren erforderlich. Dazu ist es nützlich, sich mit den Eigenschaften der Tiere zu beschäftigen und z. B. mit der Frage, ob sich die Tiere bezüglich ihres Lebensraums (Land, Wasser) voneinander unterschieden. Wichtig ist die Frage, warum die Tiere mit den auf den HAUPTÄSTEN stehenden Begriffen bezeichnet werden. Mit anderen Worten: Was sind die besonderen Kennzeichen von WEICHTIEREN, GLIEDERFÜSS-

LERN und WIRBELTIEREN? Das sollte in den jeweiligen Abschnitten an erster Stelle geschrieben werden.

B) Dann geht man systematisch die einzelnen HAUPTÄSTE durch. Für jeden HAUPTAST erzeugt man eine Kapitel-Überschrift, die mit der Bezeichnung des HAUPTASTES identisch ist oder diese zumindest enthält. Da häufig der erste HAUPTAST oben rechts angeordnet wird, beginnt man dort und fährt im Uhrzeigersinn fort. Sind die HAUPTÄSTE nummeriert, geht man in der Reihenfolge der Nummerierung vor. Sind die HAUPTÄSTE durch Nebenäste weiter unterteilt, werden zunächst alle Nebenäste eines HAUPTASTES abgearbeitet, bevor man zum nächsten HAUPTAST weitergeht. Bei den Nebenästen gilt die Reihenfolge ,von oben nach unten'. Jeder Nebenast wird zunächst vollständig (mit allen weiteren Unterästen) abgearbeitet, bevor der nachfolgende Nebenast in Angriff genommen wird.

C) Überprüfen: Wenn man so zu jedem Eintrag der Mind-Map Sätze formuliert hat, ergibt sich ein geordneter und in Abschnitte mit Überschriften gegliederter Text, in dem alle wichtigen Inhalte, nämlich alle Einträge der Mind-Map, behandelt sind. Mit ,Überprüfen' ist gemeint, dass man den so erstellten Text nochmals mit den Einträgen in der Mind-Map vergleicht, so dass eventuelle Auslassungen korrigiert werden können. Zuletzt kann man noch ,abschließende Sätze' hinzufügen.

Entwerfen Sie aber zunächst selbst einen Text zur Mind-Map, bevor Sie unsere Lösung ansehen!

Wie war das Produkt, das Sie erstellt haben? Was fiel Ihnen schwerer, was leichter? Hatten Sie sich schon ausführlicher mit den Tieren in der Mind-Map beschäftigt? Dann ist es Ihnen sicher etwas leichter gefallen, einen Text zu erstellen. Ihr Text muss nicht zwingend mit unserem Text übereinstimmen.

Sie müssen nämlich beachten, dass bei der Erstellung dieses Textes eine zusätzliche Aufgabe war, sich über die Eigenschaften der Tiere in den drei Kategorien WEICHTIERE, GLIEDERFÜSSLER und WIRBELTIERE zu informieren und Text zu schreiben, der über den Inhalt der Mind-Map hinausging. Das ist besonders für solche Personen schwer, die ohnehin Schwierigkeiten mit dem Schreiben von Text haben.

Die Erstellung eines Textes fällt umso leichter, je mehr man das Themengebiet vorher geordnet und für sich selbst verstehbar gemacht hat

Beim Vergleich der Erstellung des Textes im obigen Beispiel und der Texterstellung in der *Schule* ergibt sich ein wichtiger Unterschied: In unserem Beispiel haben wir Sie sehr willkürlich mit einer Liste von Tieren konfrontiert, die drei Oberbegriffen zugeordnet werden können. Sie hatten kaum Informationen zu den Tieren und mussten den Text mehr oder weniger frei ‚erfinden'. Im **Schulunterricht** geht es aber fast immer um ein bestimmtes Sachgebiet. Dies wird im Unterricht vermittelt und man bekommt Informationen zum Thema in Texten oder Arbeitsblättern. Das Verstehen wird dann später in einem Test oder Aufsatz überprüft. Die Inhalte des Themas sind damit bereits vorgegeben und man muss den Text nicht frei ‚erfinden'.

Mind-Map ‚rückwärts' sollten Sie an weiteren Beispielen üben. Für Kinder im Alter von 10 bis 13 Jahren eignet sich der Text „Sawadis Tag", zu dem Sie bereits eine Mind-Map erstellt haben. Überprüfen Sie,

- ob in der Wiedergabe die Ordnung des Textes erhalten geblieben ist oder ob eine eigene neue Ordnung erstellt wurde;
- ob die verschiedenen Abschnitte benannt sind;
- ob die wesentlichen Aussagen auch im Text vorkommen;
- ob Inhalte nicht falsch wiedergegeben wurden.

Als weitere Übungsfelder eignen sich aus der Schule stammende Aufgaben, in denen Texte erarbeitet werden müssen.

Mind-Maps können auch als Gedankenstütze in einem Referat helfen.

Mind-Maps für Vorträge nutzen!

Wenn man die Wiedergabe von Texten aus einer Mind-Map ein wenig geübt hat, dann kann man solche **Mind-Maps** auch für Vorträge als **‚Sprechzettel'** nutzen. Schüler und auch Studierende helfen sich bei Referaten oft mit kleinen Karteikarten, auf denen Stichworte notiert sind. Nachteil dieser Karteikärtchen ist, dass der Überblick über das gesamte Referat verloren gehen kann. Wir schlagen daher vor, eine **Mind-Map** als **‚Sprechzettel'** anzufertigen. So hat man immer das gesamte Referat vor Augen, kann sich gut orientieren und muss nicht dauernd mit den Kärtchen jonglieren. Allerdings muss man das Erzeugen von Text aus den Ästen **üben**. Komplexere Referate können auch auf mehrere Mind-Maps verteilt werden.

Achtung

Auswendiglernen

Auswendiglernen kann nicht mit dem Verstehen eines Textes gleichgesetzt werden. Dennoch gibt es Gelegenheiten, die das Auswendiglernen geradezu herausfordern. Sie sollten aber immer bedenken, dass sich Inhalte besser einprägen, wenn sie im passenden Zusammenhang verwendet werden. Sie sollten also stets solche Methoden zum Lernen anwenden, die für ein tieferes Verständnis sorgen. Beschäftigen Sie sich tiefergehend mit dem Lerninhalt, indem Sie das Thema beispielsweise in einer Mind-Map aufbereiten, dann stellt sich ein ‚**Auswendig-Lern-Effekt**' von ganz alleine ein.

Bewertung der Lernaktivität

Bewertung

Nehmen wir an, Sie haben Ihre Lerntätigkeit abgeschlossen: Nehmen Sie nun das Ergebnis des Lernens explizit zur Kenntnis! Es ist nicht gut, wenn alle Beteiligten ‚einfach so' auseinandergehen oder wenn ein selbstständig Lernender seine Tätigkeit ‚einfach so' beendet. Am Ende sollte das Ergebnis der Lernanstrengung beurteilt werden!

Die Bewertungsphase ist entscheidend, um erkennen zu können, an welchen Stellen der Lerntätigkeit ein Problem auftaucht. Es kann z. B. sein:

- dass man sich unrealistische hohe Ziele setzt (Schritt 1 des Lernpferdes) und deswegen ‚scheitert', oder zu niedrige Ziele, die keinen Fortschritt bringen und keinen Wert haben;
- dass man trotz richtiger Ziele schlecht geplant hat (Schritt 2 des Lernpferdes);
- dass man Schwierigkeiten hat, intensiv genug bei der Sache zu bleiben (Schritt 3 des Lernpferdes);
- dass man die erforderliche Lernmethode nicht ausreichend beherrscht (Schritt 3 des Lernpferdes);
- dass die eigene Bewertung falsch ist, man sich zu gut oder zu schlecht bewertet (Schritt 4 des Lernpferdes).

Bewertung der Tüchtigkeit

An der erzielten Leistung liest man ab, wie gut man in diesem Bereich ist. Besonders wichtig ist dabei, worauf man seinen Erfolg oder Misserfolg zurückführt.

Nach einem Erfolg freut man sich, ist guter Stimmung, nach einem Misserfolg ist man meist traurig. Je nachdem, worin man den Grund für seinen Erfolg oder Misserfolg sieht, steigt oder sinkt die Laune noch mehr.

Stellen Sie sich vor, Sie haben eine Arbeit mit **Erfolg** abgeschlossen und freuen sich. Glauben Sie, das lag an Ihren Fähigkeiten? Das wäre ein Beweis für Ihre eigene Tüchtigkeit und Ihre positive Stimmung würde steigen sowie Ihr Glaube daran, in der Zukunft ähnlich erfolgreich zu sein. Oder denken Sie, Sie hätten nur Glück gehabt? Dann sinkt Ihre Freude etwas, und Sie glauben auch nicht an zukünftige Erfolge, denn Glück hängt vom Zufall ab.

Fähigkeiten oder Glück?

Wie ist es, wenn Sie einen **Misserfolg** erleben? Sie fühlen sich schlecht! Glauben Sie, es lag an Ihren unzureichenden Fähigkeiten? Dann würde das einmal mehr Ihre eigene **Unfähigkeit** beweisen und Sie fühlen sich nur noch schlechter. Ihr Selbstvertrauen schwindet dahin. Oder sagen Sie sich: „Pech gehabt"? Dann fühlen Sie sich schon wieder etwas besser, denn Sie können nichts dafür!

Unfähigkeiten oder Pech?

Bewertung der Tüchtigkeit hängt von der eigenen Wahrnehmung, aber auch von der eigenen Anstrengung und der Schwierigkeit der Aufgaben ab.

Gründe für Erfolg oder Misserfolg sind zudem abhängig von der eigenen **Anstrengung** und der Schwierigkeit der Aufgabe. Auch sie sind wichtig! Wenn Sie der Meinung sind, Sie waren deshalb so erfolgreich, weil Sie sich ganz besonders angestrengt haben, dann wird Sie das zu mehr Anstrengung anspornen. Wenn Sie feststellen, die Aufgabe war einfach zu schwer für Sie, dann entlastet Sie das etwas und Sie versuchen, wenn möglich, sich demnächst etwas leichtere Aufgaben zu suchen.

Gründe für Erfolg oder Misserfolg

Vier-Felder-Schema für mögliche Ursachen für Erfolge und Misserfolge

	Das liegt an mir!	Darauf habe ich keinen Einfluss!
Das ist immer gleich!	**eigene Fähigkeit**	**Schwierigkeit der Aufgabe**
Das ist mal so, mal so!	**eigene Anstrengung**	**Zufall**

Es ist die **Aufgabe von Helfern**, dem Lernenden nach getaner Arbeit Gründe für seinen Erfolg oder Misserfolg zu nennen, die ihn aufbauen und dafür sorgen, dass er etwas mehr an seine eigene Tüchtigkeit glaubt! Nur dann gehen Lernende die nächste Situation etwas erfolgszuversichtlicher und motivierter an.

Als Helfer müssen Sie positive Aspekte der Lerntätigkeit finden, um den Lerner zu motivieren!

Motivierung des Lerners

Sagen Sie auf keinen Fall „alles war schlecht“ oder „nichts hat geklappt“! Es ist äußerst wichtig, wenigstens kleine positive Aspekte zu finden. Das kann ein kleiner Moment des konzentrierten Arbeitens sein, die Anstrengungsbereitschaft und sachlich richtige Arbeitsschritte. Helfer können ihre Schützlinge am Ende der Arbeit, aber auch unmittelbar auf solche kleinen Episoden aufmerksam machen. So holen sie den Lerner langsam aus der ‚Null-Bock-Situation‘ heraus.

Selbstbeurteilung des Lerners!

Zudem ist wichtig, wie der Lernende selbst die abgeschlossene Arbeitssituation beurteilt. Die folgende Tabelle zeigt mögliche Varianten und wie Sie damit umgehen können.

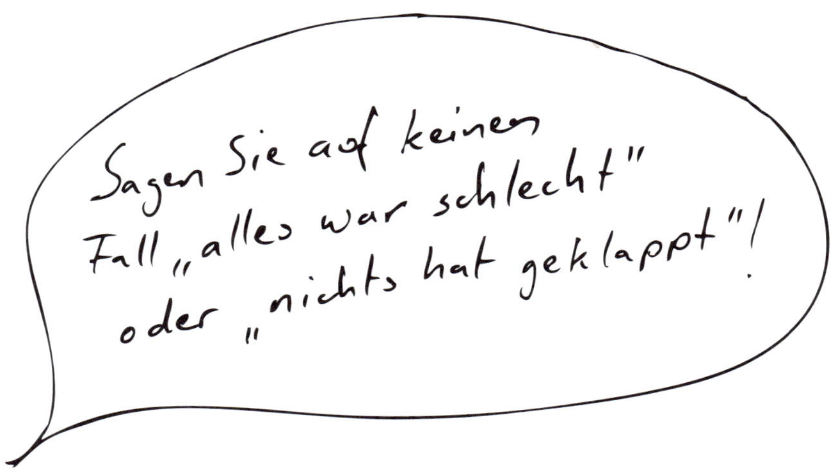

Bewertung	Unterstützungsmaßnahmen des Helfers	Kommentar
Situation war ein Erfolg	a) Tüchtigkeit und Anstrengung betonen, die den Erfolg verursacht haben; darauf hinweisen, dass der Einsatz der Lernmethoden zu einem besseren Lernergebnis führt und dass darauf weiter aufgebaut werden kann.	Erfolg wird auf Fähigkeit und Anstrengung zurückgeführt. Dadurch wächst das Vertrauen, ähnliche Situationen in Zukunft erfolgreich zu meistern.
	b) Lassen Sie nicht zu, dass der Lerner seinen Erfolg für Glück hält, oder glaubt, dass die Aufgabe leicht war!	Positives Erfolgsgefühl nicht abschwächen.
	c) Äußern Sie Stolz und Freude über die gelungene Leistung.	Freude und Stolz des Lernenden durch die eigene Freude/ den eigenen Stolz unterstützen. Anerkennung der gezeigten Leistung.
Situation war ein Misserfolg	a) Suchen Sie nach Phasen im Arbeitsverlauf, bei denen es kleine Erfolge gab.	Die globale Bewertung ‚Misserfolg' auflösen und anhand kleiner Details das Gegenteil aufzeigen.
	b) Betonen Sie, dass es trotz der negativen Bewertung gut war, so lange durchgehalten zu haben.	Anstrengung als positives Merkmal hervorheben. Akzeptanz für die Arbeitshaltung zeigen.
	c) Führen Sie Misserfolg auf die Schwere der Aufgabe zurück, möglicherweise auch auf Pech, weil z. B. eine wichtige Information nicht bemerkt wurde.	Unmittelbare negative Befindlichkeit abschwächen.
	d) Erklären Sie, dass die eingesetzten Methoden nicht unbedingt sofort wirksam sein können. Sie müssen durch Übung weiter verbessert werden.	Ursache für Misserfolg auf äußere Faktoren zurückführen, aber den Weg zur Verbesserung durch eigene Anstrengung und Fähigkeit betonen.

Bewertung der Tätigkeit

Bewerten Sie die Lernhandlung danach, ob sie effektiv, angenehm oder unangenehm, leicht oder anstrengend, sinnvoll oder weniger sinnvoll war. Die nachfolgenden Fragen helfen Ihnen dabei.

Die Art des Lernens wird umso sinnvoller, nützlicher und auch angenehmer erscheinen, je weiter man in der Sache gekommen ist. Dennoch ist es sinnvoll, die Art des Lernens und das Lernergebnis getrennt zu beurteilen. So kann man besser entscheiden, ob man weiterhin auf diese Weise vorgehen möchte.

Fragen zur Bewertung der Lerntätigkeit	**Kommentar**
Bin ich systematisch und geplant vorgegangen?	
War das besser als sonst üblich?	
Habe ich die beabsichtigte Arbeitsdauer eingehalten?	
Habe ich angestrengt und konzentriert gearbeitet oder habe ich mich ablenken lassen und bin lustlos vorgegangen?	
War die Arbeitsweise angenehm oder unangenehm, eher leicht oder eher schwer? (Gründe)	
Empfinde ich mein Vorgehen als sinnvoll oder sinnlos? In welchen Bereichen?	
Warum?	
Habe ich mit meiner Arbeit das beabsichtigte Ziel erreicht?	

Bewertung der Ergebnisse

Positives beurteilen

Am Ende einer Lerntätigkeit wird auch das erreichte Ergebnis beurteilt. Hierbei sollte das **positiv Erreichte** betrachtet werden. Vor allem dann, wenn man vormals beim Lernen Misserfolg und Frust erlebt hat. Als positiv ist schon anzusehen, wenn man nun besser weiß, warum man etwas nicht versteht oder vorher nicht verstanden hat.

Wenn man weiß, wo das Problem in der Herangehensweise liegt, ist das ein positives Ergebnis.

Zur Beurteilung des Lernergebnisses sind die folgenden Fragen hilfreich, wenn es um den Erwerb neuer Kenntnisse geht:

Beurteilung der Lernergebnisse in Bezug auf Erwerb von Wissen	**Kommentar**
Welche Erkenntnisse habe ich erreicht?	
Wie unterscheidet sich mein jetziger Kenntnisstand von dem zu Beginn der Lerntätigkeit?	
Kann ich jetzt genauer formulieren, was ich konkret nicht verstehe oder verstanden habe?	

Zur Beurteilung des Lernergebnisses sind die folgenden Fragen hilfreich, wenn es um die Festigung von Wissen geht:

Beurteilung der Lernergebnisse in Bezug auf Festigung von Wissen	**Kommentar**
Welchen Teil der beabsichtigten Menge von Aufgaben habe ich geschafft?	
Wie groß ist diese Menge bearbeiteter Aufgaben im Vergleich zu ‚vorher' (habe ich jetzt mehr, gleich viel oder weniger geschafft als sonst üblich)?	
Bin ich jetzt sicherer in der Bearbeitung der Aufgaben? Bei welcher Art von Aufgaben ist dies der Fall, wo nicht?	

Auflösungen

Lösung Seite 79: **Mind-Map zum Thema „Kindergeburtstag"**

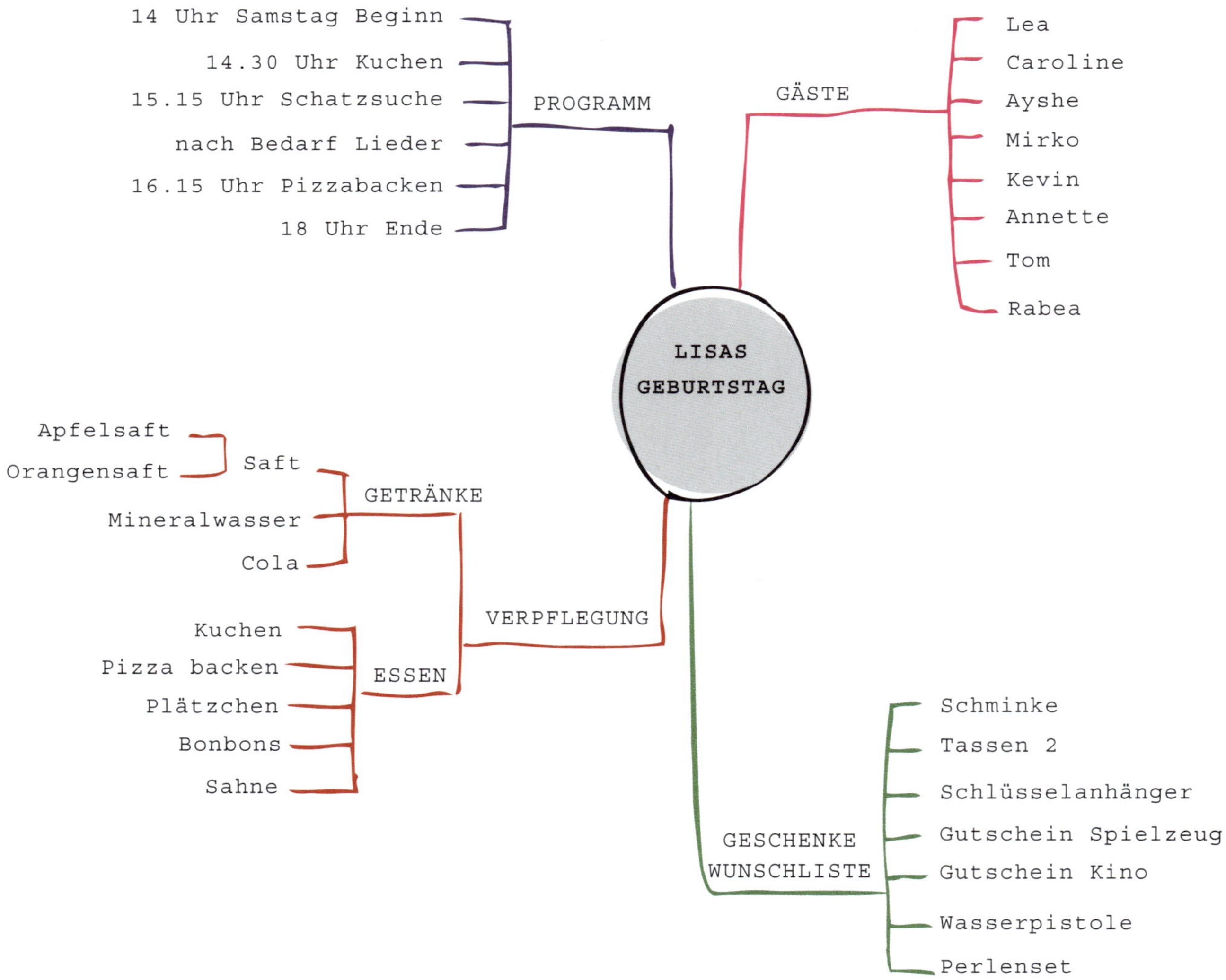

Lösung Seite 79: **Mind-Map zum Thema „Kindergeburtstag“**

Die Mind-Map organisiert die Einladungsliste (GÄSTE), die VERPFLEGUNG, das PROGRAMM und eine GESCHENKE WUNSCHLISTE. Es geht auch daraus hervor, dass die Pizza während der Geburtstagsfeier von den Kindern gebacken wird und damit zugleich einen der Programmpunkte bildet. Die Programmpunkte sind in der geplanten Reihenfolge organisiert und könnten auch durchnummeriert werden.

Lösungen Seite 86: **„Lesen 1“ Der Pandabär**

1. 120 bis 150 Zentimeter
2. Beine, Rücken, Ohren und Augen
3. Der verlängerte Handwurzelknochen der Vorderpfoten.
4. 10-20 Kilogramm
5. In hohlen Baumstämmen oder Höhlen.

Lösungen Seite 88: **„Lesen 2“ Der Pandabär (Teil 2)**

1. 0,4 bis 0,6 Quadratkilometer
2. 2700 bis 4000 Meter
3. Im August oder September
4. 90 bis 130 Gramm
5. Eineinhalb Jahre

Lösung Seite 99 **Textproduktion aus der Mind-Map „Tier"**

Arbeitsschritt	**Inhalt der Mind-Map**
A1) Beginn mit ZENTRALTHEMA, das als Titelthema formuliert wird: Eine Ordnung ausgewählter Tiere	TIERE
A2) Einleitung formulieren: Auf der Erde gibt es sehr viele Tiere. Manche leben im Wasser, manche auf dem Land. Eine Ordnung der Tiere kann man aber nicht nur daraus herstellen, ob sie auf dem Land oder im Wasser leben. Besser ist es, die Tiere nach Tierarten mit besonderen Merkmalen zu unterscheiden. Das wird am Beispiel der Weichtiere, Gliederfüßler und Wirbeltiere gezeigt.	
B) HAUPTÄSTE abarbeiten. B1) Erster HAUPTAST „WEICHTIERE" mit allen Unterästen: Weichtiere Zu den Weichtieren zählen ganz unterschiedliche Tiere, wie z. B. die Weinbergschnecke, die Kegelschnecke, die Jakobsmuschel, das Seeohr, Kraken und Tintenfische. Weinbergschnecken und Kegelschnecken sind Landtiere, die anderen leben im Meer. Sie heißen Weichtiere, weil sie keine ‚Wirbel' (keine Wirbelsäule mit Knochengerüst) haben und deswegen sehr ‚weich' sind. Schnecken und Muscheln haben allerdings ein ‚Haus, eine Schale, in die sie sich zurückziehen können.	WEICHTIERE, GLIEDERFÜSSLER, WIRBELTIERE WEICHTIERE - Weinbergschnecke - Kegelschnecke - Jakobsmuschel - Seeohr - Krake - Tintenfisch

B2) Zweiter HAUPTAST „GLIEDERFÜSSLER" Gliederfüßler Gliederfüßler sind den Weichtieren ähnlich. Sie haben ebenfalls keine ‚Wirbel' (keine Wirbelsäule). Sie haben aber einen in verschiedenen Ringen gegliederten Körperbau. Zu den Gliederfüßlern zählen die Bienen, Krebse, Milben, Asseln, Tausendfüßler und auch Skorpione.	GLIEDERFÜSSLER - Biene - Krebs - Milbe - Assel - Tausendfüßler - Skorpion
B3) Dritter HAUPTAST „WIRBELTIERE" Wirbeltiere Wirbeltiere sind solche Tiere, die ‚Wirbel' bzw. eine Wirbelsäule haben. Rinder, Schafe und Hunde sowie den Dackel kennen die meisten von uns. Auch Amseln und Bachforellen sind Wirbeltiere. Ebenso der Blauwal. Er gehört nicht zu den Fischen, sondern zu den Säugetieren.	WIRBELTIERE - Rind - Schaf - Dackel - Amsel - Bachforelle - Blauwal
C) Gesamten Text überprüfen. Eventuell Abschluss hinzufügen. Abschluss Von den drei Unterteilungen für Tiere, Weichtiere, Gliederfüßler und Wirbeltiere, kenne ich die Wirbeltiere am besten. Von den Weichtieren und Gliederfüßlern hätte ich nur die Schnecken und die Bienen nennen können. Ich hätte aber nicht gewusst, wie alle genannten Tiere einzuordnen sind. Vielleicht gibt es ja auch andere Möglichkeiten der Ordnung, wie z. B. doch auch danach, ob sie auf dem Land oder im Wasser leben. Oder danach, ob sie fliegen oder schwimmen können.	

Literatur

Anderson, J. R. (2001). *Kognitive Psychologie.* Heidelberg: Spektrum Akademischer Verlag.

Birkenbihl, V. F. (2007). *Stroh im Kopf? Vom Gehirn-Besitzer zum Gehirn-Benutzer.* Heidelberg: mvg Verlag.

Buzan, T., Buzan, B. (2002). *Das Mind-Map-Buch. Die beste Methode zur Steigerung Ihres geistigen Potentials.* Heidelberg: mvg Verlag, Redline GmbH.

Fried, E. (1977, Neuausgabe 1995). *Liebesgedichte.* Berlin: Verlag Klaus Wagenbach.

Pawlow, I. P. (1972). *Die bedingten Reflexe.* München: Kindler.

Schermer, F. J. (2006). *Lernen und Gedächtnis.* Stuttgart: Kohlhammer.

Skinner, B. F. (1938). *The behavior of organism.* New York: Appleton-Century-Crofts.

Watzlawick, P., Beavin, J., Jackson, D. (1990). *Menschliche Kommunikation.* Bern: Huber.

Weiner, B. (1994). *Motivationspsychologie.* Weinheim: Beltz.